Zehn Projekte zum Sachunterricht

Lehrer-Bücherei: Grundschule

Herausgegeben von
Horst Bartnitzky und Reinhold Christiani

Hans-Dieter Bunk

Zehn Projekte zum Sachunterricht

•

Projektbegriff

•

Fallbeschreibungen

•

Ideen und Anregungen

Die Fotos der Seiten 31/32 machte Sabine Müller, Oberhausen, die Fotos der Seiten 36/39/44 machte Christiane Nekes, Essen. Alle übrigen Fotos stammen von Hans-Dieter Bunk, Duisburg.

Gedruckt auf chlorfrei gebleichtem Papier ohne Dioxinbelastung der Gewässer.

CIP-Titelaufnahme der Deutschen Bibliothek

Bunk, Hans-Dieter: Zehn Projekte zum Sachunterricht / Hans-Dieter Bunk. – Frankfurt am Main: Scriptor, 1990
  (Lehrer-Bücherei: Grundschule)
  ISBN 3-589-05013-6

7 6 5 4 | Die letzten Ziffern bezeichnen
98 97 96 95 | Zahl und Jahr des Druckes.
Umschlaggestaltung: Studio Lochmann, Frankfurt am Main
Satz: Computersatz Bonn GmbH, Bonn
Druck und Bindung: Clausen & Bosse GmbH, Leck
Vertrieb: Cornelsen Verlag, Berlin
Printed in Germany
ISBN 3-589-05013-6
Bestellnummer 050136

Inhalt

Auf dem Weg zu einem Projektbegriff

Projekt – ein schillernder, ein kontroverser Begriff, sowohl in der Alltagssprache als auch in der pädagogischen Fachsprache. Der eine hält Projekte für das pädagogische Nonplusultra, andere verdächtigen Projekte als Mittel der Systemveränderung oder sehen sie einfach als modernistische Übergangserscheinung.

Sicherlich stimmt weder das eine noch das andere, aber diese Polarisierung ist typisch für den Projektbegriff, der von Anfang an nicht nur einen didaktisch-methodischen Anspruch hatte, sondern immer auch eine gesellschaftspolitische Dimension. Seit Beginn unseres Jahrhunderts wird der Begriff im pädagogischen Bereich gebraucht. Deshalb titelte Bernhard Suin de Boutemard im Jahre 1975 einen Aufsatz „75 Jahre Projektunterricht". Nicht ohne Ironie hat er diesen Titel gewählt. In einer Zeit, da der Projektbegriff eine starke Renaissance erfuhr und geradezu inflationär gebraucht wurde, erinnerte er an den geschichtlichen Ursprung. Von einer Tradition des Projektunterrichts in Deutschland konnte jedoch keine Rede sein, weder begrifflich noch inhaltlich.

Der Projektbegriff

Der Begriff des Projektunterrichts wurde um die Jahrhundertwende durch die amerikanischen Pragmatisten geprägt. In besonderer Weise ist er mit dem Philosophie- und Pädagogikprofessor John Dewey und dessen Schüler und Mitarbeiter William Heard Kilpatrick verbunden. In der Folge der wirtschaftlichen Umwälzungen, vor allem der sich überall durchsetzenden industriellen Arbeitsteilung, sahen sie in praktischen und nützlichen Vollzügen nichts Nebensächliches und Minderwertiges. Dewey vertrat die Ansicht, daß die Menschen über die praktischen Bedürfnisse und die Auseinandersetzung mit alltäglichen materiellen Schwierigkeiten zum Denken kommen: learning by doing. So werden auch Schüler sich mit Problemen auseinandersetzen, die ihren praktischen Bedürfnissen entsprechen, sofern man sie selbst entscheiden läßt.

Später definierte Kilpatrick als Projekt „planvolles Handeln, von ganzem Herzen, das in sozialer Umgebung stattfindet". Dabei kann es um die praktische Ausführung eines Plans gehen, um das Lösen eines intellektuellen Problems oder um den Gewinn oder das Genießen einer Erfahrung. Kilpatricks Definition liegt in der vordergründigen Aussage eigentlich nicht weit von Pestalozzis „Lernen mit Kopf, Herz und Hand" entfernt, muß jedoch in Verbindung mit ganz anderen gesellschaftlichen Wirklichkeiten gesehen werden.

Der Projektgedanke muß in seiner Entstehung und Ausprägung im Kontext der industriellen und gesellschaftlichen Entwicklung gesehen werden. Er wollte die Verbindung von Theorie und Praxis, von Buch und Leben, von Tun und Denken wiederherstellen.

Dieser Gedanke wurde auch in Deutschland von Reformpädagogen der verschiedensten Richtungen aufgegriffen, aber in unterschiedlicher Weise und nur in Teilbereichen weitergeführt. Die größte Nähe zum Projektbegriff besitzen die Intentionen der Hamburger und Bremer Lehrer um Scharrelmann und Gansberg, die in ihrem Kampf um Demokratisierung und Humanisierung der Schule für die Selbständigkeit der Lehrer und die Rechte des Kindes eintraten.

Die Vorstellungen des heute noch bekannteren Vertreters der Arbeitsschulbewegung Georg Kerschensteiner sind im Vergleich dazu eher unpolitisch und beziehen sich weniger auf die Veränderung von politischen und ökonomischen Strukturen als auf das Funktionieren und organisatorisch perfekte Steuern von praktischen Arbeitsabläufen.

Auch der gesamtunterrichtliche Ansatz Berthold Ottos und die Vorhabenpädagogik seiner Schüler Kretschmann und Haase, wie auch die Vorhaben Reichweins rezipieren nicht die intentionalen und gesellschaftlichen Akzente des Projektunterrichts. Der Gesamtunterricht ist zwar auch eine Reaktion auf das durch die ökonomische Arbeitsteilung zersplitterte und verfachlichte menschliche Denken und will deshalb als Gegenbewegung den Unterricht vom Kinde aus organisieren, bezieht sich jedoch dabei auf das Bild einer harmonischen Familie. Das Tischgespräch und andere Formen des Zusammenlebens in der bürgerlichen Familie nach der Jahrhundertwende hatten schon damals keine Bedeutung über den privaten Bereich hinaus. Sie konnten in der Schule deshalb nur das bürgerliche Zusammenleben reproduzieren und waren weit entfernt von den Ideen Deweys, der gerade Öffentlichkeit in der Schule herstellen und die Schüler zur Durchsetzung von Interessen in der Öffentlichkeit befähigen wollte.

Auch bei den Vorhaben handelte es sich zwar um die von Lehrern und Schülern gemeinsam durchgeführte Lösung einer konkreten Aufgabe, um die Schaffung eines „Werkes" durch fächerübergreifende geistige und manuelle Aktivitäten. Oft hat dieses Werk jedoch einen Selbstzweck; dies, die starke Lehrerführung und das harmonisierende, traditionsgeleitete Gesellschaftsbild heben diese Vorhaben aber deutlich vom Projekt ab.

Erst in der Folge der Studentenbewegung gegen Ende der sechziger Jahre wurde der Projektbegriff in der deutschen pädagogischen Fachdiskussion häufiger benutzt. In stark politisierten Diskussionen wurden für den Bereich der Hochschulen Ausbildungsprojekte skizziert und durchgeführt. Danach wurde, ebenfalls von den Hochschulen ausgehend, Projektarbeit auch für die Schulen gefordert und dargestellt. So erschienen um die Mitte der siebziger Jahre sicher mehr Veröffentlichungen zum Projektunterricht als in den übrigen Jahren unseres Jahrhunderts zusammen. In besonderer Weise wurde die Diskussion um den Projektgedanken von den Vertretern des Bereichs Kunst/Visuelle Kommunikation und der Fachdidaktik Deutsch vorangetrieben. Bei der Umsetzung eines kommunikativ begründeten Deutschunterrichts kam es darauf an, Sprachverwendung als soziales Handeln zu ermöglichen, angemessene Kommunikationssituationen herbeizuführen und Beziehungskonflikte in Metakommunikation zu lösen. Als die angemessene Organisationsform zur Erlangung all jener Sprachhandlungsfähigkeiten wurde das Projekt angesehen.

Was bei den Diskussionen um den Projektunterricht in dieser Phase irritierte, war die Tatsache, daß man Veröffentlichungen zum projektorientierten Sachunterricht in der Fülle der damaligen Darstellungen regelrecht suchen muß. Das Fach, das die Lebenswirklichkeit der Kinder thematisiert, das also am besten geeignet wäre, die Diskrepanz zwischen Schule und Leben aufzuheben, war nach der Ablösung des gesamtunterrichtlichen, heimatkundlichen Ansatzes erst auf der Suche nach einem Selbstverständnis. Der projektunterrichtliche Anspruch nach Aufhebung der fachlichen Sichtweisen lag hier wohl einerseits zu nah an der alten gesamtunterrichtlichen Konzeption. Zum anderen überlagerte die aus den USA kommende Welle der Lernziel- und Wissenschaftsorientierung die eigentlichen Anliegen des Projektunterrichts. Der verfahrensorientierte, konzeptdeterminierte, wissenschaftspropädeutische Ansatz und die verschiedensten fachwissenschaftlichen Ansätze, die nun wirklich nicht vom Kinde aus dachten, ließen kaum Raum, Möglichkeiten der Projektarbeit im Sachunterricht zu entwerfen, zu entwickeln und zu erproben.

Nicht nur im Sachunterricht, sondern auch in den anderen Fachdidaktiken haben sich inzwischen die Wogen etwas geglättet und man kann emotionsloser über Möglichkeiten und Grenzen des Projektunterrichts diskutieren. Unter Projektunterricht soll hier verstanden werden, daß bei einem Projekt Lehrer und Schüler ausgehend von einer echten Frage aus ihrer Lebenswirklichkeit, sich ein gemeinsames Ziel setzen und in planvoller, handelnder Auseinandersetzung zu einem konkreten Ergebnis kommen.

Begründungen für Projekte

Für Projekte und projektorientiertes Lernen lassen sich mehrere Argumente anführen. Sie sollen hier in zwei größere Gruppen gebündelt werden:

- *gesellschaftsbezogene Begründung*
  Die Trennung von Theorie und Praxis, von Arbeit und Freizeit in der arbeitsteiligen Industriegesellschaft hat sich seit der Jahrhundertwende immer deutlicher vollzogen, so daß Deweys Begründung für das Projekt ihre Bedeutung behalten hat. In Projekten, die aus der Lebenswirklichkeit der Schüler entstehen und mit ihren Ergebnissen wieder in die Lebenswirklichkeit zurückwirken, können Zusammenhänge zwischen den verschiedenen Einzelteilen gesehen und hergestellt werden, kann die Kluft zwischen Schule und Leben ein Stück reduziert oder sogar aufgehoben werden. Durch die besondere Art des Projektlernens mit demokratischen Entscheidungsprozessen, Arbeit in sozialen Zusammenhängen, Handlungsorientierung und dem Erstellen von Produkten, werden wichtige Qualifikationen auf dem Weg zum aktiven und mündigen Bürger angebahnt.

- *individuumbezogene Begründung*
  Projekte orientieren sich an den Interessen und Bedürfnissen der Schüler. Sie sind der direkte Kontrast zum Lernen nach dem „Trichtermodell" und dessen heutiger modifizierter Ausformungen mit Programm- oder Lehrgangscharakter. Themen, die interessieren, die individuell als wichtig angesehen werden, führen zu einem sinnbestimmten Lernen. Der Handelnde ist primär motiviert, identifiziert sich mit der Zielsetzung, erhöht seine Anstrengungen und erlangt selbständig soziale, kognitive, pragmatische Qualifikationen auf hohem Niveau. Wenn Kinder merken, daß es sich lohnt, aktiv zu werden, zu forschen, sich anzustrengen, sich auf Neues einzulassen, Aktionen zu planen, Produkte zu erstellen, dann empfinden sie Freude daran, eigene Ideen zu entwickeln, verstärkt sich ihr Selbstvertrauen in ihr eigenes Können, und es bildet sich die Bereitschaft aus, ihr Leben bewußt mitzugestalten.

Projektmerkmale

Projekte werden selten eindeutig definiert, in der Literatur werden sie meist durch ihre Verlaufsstruktur oder verschiedene Merkmale beschrieben. Wer die geforderten Projektmerkmale aus den verschiedenen Veröffentlichungen zusammenträgt, wird leicht einen nicht abgeschlossenen Katalog von über zwanzig mehr oder weniger wichtigen Punkten finden, durch die ein Projekt gekennzeichnet sein soll. Hier werden nur die wichtigsten und auch für die Grundschule relevantesten aufgeführt:

- Ein Projekt ist von den Bedürfnissen und Interessen der Schülerinnen und Schüler her organisiert.
- Projekte sind immer praxisbezogen, aber sie haben auch eine enge Wechselbeziehung zwischen Handeln und Reflexion.
- Projektlernen orientiert sich an Problemen der Lebenswirklichkeit und ist deshalb fächerübergreifend, beschränkt sich nicht auf Aktivitäten in der Klasse und hebt die 45-Minuten-Einheiten auf.
- Projektziele und -planung werden aufgrund gemeinsamer Entscheidungen aller Beteiligten aufgestellt und bei der Auseinandersetzung mit dem Sachverhalt auch gemeinsam revidiert.
- Das Projektziel ist in der Regel ein Produkt oder eine Aktion. Es wird erreicht durch Lernen mit vielen Sinnen.

Projektphasen

Lernen in Projekten verläuft oft nicht geradlinig. Meist gibt es Seitenwege und Verzweigungen, hin und wieder auch Irrwege. Dies ist normal, denn zu jedem selbstbestimmten Lernen gehören auch trial-and-error-Erlebnisse. Doch über den gesamten Verlauf eines Projektes lassen sich vier größere Phasen deutlich unterscheiden. Sie haben unterschiedliche zeitliche Ausdehnungen, aber alle vier besitzen ihren Wert und gehören unabdingbar zu einem Projektverlauf dazu.

- Am Beginn eines jeden Projektes steht die *Projektidee*, der Anstoß, der zum Überlegen motiviert und zu einer gemeinsamen Zielfindung führt. Dieses Ziel sollte zur Erinnerung und Zwischenmotivierung in der Klasse sichtbar festgehalten werden („Wir wollen eine Vogeltränke bauen", „Wie war es früher in der Schule?"). Hier können spontane

Schülerideen ein Projekt initiieren, der Lehrer kann aber auch latente oder offene Schülerinteressen verstärken und durch Informationen Entscheidungshilfe leisten.

Zum idealtypischen Modell des Projekts gehört, daß der Anstoß von den Kindern ausgeht. Puristen sehen diesen Aspekt als formal sehr wichtig und unverzichtbar an. Wenn diese Forderung jedoch sehr eng interpretiert wird, können nur noch wenige Grundschulaktivitäten dem Modell des Projekts zugeordnet werden. Das liegt zum Teil daran, daß Grundschulkinder nicht immer ihre Interessen und Wünsche artikulieren können, daß sie zum Teil auch erst Sichtweisen für Problemstellungen ihrer Lebenswirklichkeit entwickeln und Möglichkeiten kennenlernen und erproben müssen, was alles in der Schule möglich ist. Gegen eine Überbetonung dieser Forderung spricht auch, daß es selten spontan kollektive Wünsche gibt, daß Projektideen ohnehin meist von einzelnen oder einer Gruppe geäußert werden. Dann können Wünsche, Vorschläge und Ideen auch von der Lehrerin kommen, die ihre Kompetenz nicht unterdrückt und den Kindern Veränderungsmöglichkeiten aufzeigt und Handlungsmöglichkeiten anbietet.

– Bei der *Projektplanung* überlegen Kinder und Lehrerin, auf welche Art und Weise das Projektziel angegangen werden soll. Sie prüfen, wie sie an Informationen kommen, welche Aufgaben anliegen und wie sie verteilt werden können. Auch die Planungsschritte werden in der Klasse deutlich gemacht: auf einer Wandzeitung oder als Flußdiagramm. In Mappen oder Kisten können Beschlüsse, Arbeitsaufträge oder Informationsmaterialien gesammelt werden. Während des Projekts müssen die Planungsschritte meist öfters modifiziert oder ergänzt werden.

– Die *Projektdurchführung* dient der konkreten, handelnden Erreichung des Projektziels. Informationen werden ausgewertet und angewandt, so daß zum Schluß eine Aktion, ein Produkt als Ergebnis der gemeinsamen Bemühungen ausgeführt oder präsentiert werden kann. Während der Durchführungsphase ist es – besonders in der Grundschule – immer wieder wichtig und nötig, daß sich die Gruppen zusammensetzen und berichten und sich dabei selbst vergewissern, welcher Stand erreicht ist und was noch zu tun bleibt.

– Der *Rückblick* hat eine wichtige Funktion für das weitere Zusammenarbeiten. Bei dieser Metainteraktion können individuell erfahrene Positiva und Negativa angesprochen werden, mit dem Ziel, sie in der Zukunft zu verstärken oder zu vermeiden. Die Ergebnisse der Aktion oder der Präsentation können ausgewertet werden, und manchmal ergeben sich daraus Anlässe und Ideen zu neuen Projekten.

Projektformen

Je nach Sichtweise lassen sich Projekttypen unterscheiden und zwar unter inhaltlichem, unter zeitlichem und unter organisatorischem Aspekt.

Nach *inhaltlichem* und *intentionalem* Aspekt kann man Projekte in Anlehnung an die Kategorien von Dewey und Kilpatrick unterscheiden. Im konkreten Fall werden sich die Grenzen jedoch nicht immer deutig ziehen lassen:

Erkundungsprojekte

Die Kinder gehen zum Beispiel Fragen nach, die sie tangieren und für sie bedeutsam sind. Sie orientieren sich in ihrer Lebenswirklichkeit, erkunden Lagebeziehungen oder Entsorgungsmöglichkeiten, informieren sich über die verschiedenen Ämter in der Stadtverwaltung, finden heraus, wie ein Gerät funktioniert oder welche Pflanzen und Tiere es um die Schule herum gibt. Sie dokumentieren ihre Erfahrungen z. B. in Wandzeitungen, Handzetteln, Büchern oder Modellen.

Veränderungsprojekte

Die Kinder reagieren auf festgestellte Mängel und Probleme in ihrer Lebenswirklichkeit, sie weisen darauf hin, stellen sie ab oder machen Vorschläge oder Eingaben, wie sie zu beheben sind. Sie ändern die Sitzordnung oder die Klasseneinrichtung, beantragen zusätzliche Altglascontainer, sie bauen als Änderungsvorschlag ein Spielplatzmodell.

Unterhaltungsprojekte

Die Kinder nehmen Kontakte mit anderen auf und planen und veranstalten für sie oder für sich ein Fest, einen Ausflug, ein Theaterspiel, eine Zauber- oder Zirkusvorstellung, geben eine Klassenzeitung heraus.

Unter *zeitlichem* Aspekt lassen sich die verschiedenen Projektformen ebenso unterscheiden:

Miniprojekte

Miniprojekte, auch Kurzprojekte genannt, halten sich in einem überschaubarem zeitlichen Rahmen. Vom ersten Anstoß bis zur realisierten Aktion vergehen vielleicht zwei Tage; oft ist das Ergebnis auch bereits am gleichen Tag erreicht. So haben Kinder zum Beispiel ein Nest mit einer brütenden Amsel auf dem Schulhof entdeckt. Sie wollen etwas für den Vogel tun, gehen zum Hausmeister, lassen sich Leisten und Leine geben und sperren eine Ecke des Schulhofs ab. Sie bitten in allen Klassen um Beachtung dieser Schutzzone, schreiben Informationszettel und hängen sie an den Rand der Schutzzone. Dies trägt den Charakter eines Projekts und ist doch alles an einem oder spätestens an zwei Vormittagen umzusetzen. Miniprojekte ergeben sich zwar meist sehr spontan, sind jedoch auch auf festgelegte Projekttage zu terminieren.

Projekte

Projekte werden ansonsten wegen der Motivationslage der Grundschulkinder bis zu etwa drei Wochen andauern, es sei denn, es handelt sich um Langzeitprojekte, die von der Sache her eines längeren Zeitraums bedürfen, z. B. Betreuung des Schulgartens, die Korrespondenz mit einer Partnerklasse, der Kontakt mit einem Altenheim.

Projektwochen

Projektwochen haben auch in der Grundschule ihren Platz und ihren Wert. In ihnen wird besonders konsequent in sinnhaften Zusammenhängen gelernt und der Häppchencharakter eines fachlichen und lehrgangsorientierten Unterrichts aufgelöst. Die vielen verschiedenen Angebote machen es wahrscheinlich, ein Projektthema wählen zu können, das den Interessen der Kinder entspricht. Es schmälert den Wert von Projektwochen, wenn sie, wie häufig an weiterführenden Schulen, nur zum Jahresende geplant werden, wenn leistungsmäßig „alles gelaufen ist". Hier werden der hohe Wert des sozialen Lernens und des Lernens des Lernens innerhalb von Projekten negiert. Das Projekt wird zu einem Betthupferl zum Schuljahresausklang degradiert.

Manchmal stößt der Projektunterricht in der Grundschule auf erhebliche Schwierigkeiten, z. B. wegen der fehlenden Projektfähigkeit, weil die Arbeitsweise unbekannt ist, weil Fertigkeiten zum Befragen und Notieren noch nicht ausgeprägt sind. Im organisatorischen Bereich jedoch bietet die Grundschule Vorteile, weil viel weniger Abstimmungen mit Fachlehrern nötig sind und die projektbegleitende Lehrerin leicht zeitliche und stundenplantechnische Änderungen herbeiführen kann, ohne den Unterricht der übrigen Klassen sonderlich zu tangieren.

Auch unter *organisatorischem* Aspekt lassen sich verschiedene Projekttypen unterscheiden:

In *Klassenprojekten* verfolgen die Kinder einer Klasse ein Projektziel. In *klassenübergreifenden* Projekten arbeiten Kinder mehrerer Klassen zusammen und bei *Schulprojekten* schließlich Kinder der ganzen Schule. Sonderformen unter zeitlichem Aspekt bilden Projekttage oder Projektwochen.

In diesen verschiedenen Projektformen können die Kinder jeweils in inhaltsgleichen Arbeitsgruppen parallel zueinander arbeiten oder in inhaltsdifferenten Arbeitsgruppen einander zuarbeiten. So können bei einem Klassenprojekt völlig verschiedene thematische Gruppen nebeneinander arbeiten, gemeinsam ist ihnen dann nur, daß sie den bereitgestellten zeitlichen Freiraum nutzen. Sie können aber auch z. B. im Anschluß an einen Zoobesuch ein Zoobuch erstellen und jeder steuert allein oder in Partner-/Gruppenarbeit seinen Beitrag zum gemeinsamen Produkt bei.

Auch bei Schulprojekten oder Projektwochen gibt es verschiedene Organisationsformen. Zum einen können in einer Projektwoche völlig unterschiedliche Angebote gemacht werden, von der gesunden Ernährung, über das Bauen von Flugmodellen, das Arbeiten im Fotolabor bis zum Aufführen eines Kasperlespiels. Zum zweiten können Projektwochen auch inhaltliche Klammern haben, sodaß unter dem gemeinsamen Oberthema „Unser Stadtviertel" Gruppen gebildet werden, die z. B. historischen Spuren nachgehen (Inschriften sammeln, ältere Menschen befragen), Modelle von prägnanten Gebäuden bauen oder die Spielplatzsituation im Viertel untersuchen. Solche Projekte mit inhaltlichen Klammern stärken an sich den Zusammenhalt der Schulöffentlichkeit und ermöglichen einen sinnvollen Rahmen für die gegenseitige Präsentation der Arbeitsergebnisse. Sie sind jedoch nicht immer möglich, weil nicht allzuviele Inhalte so ergiebig sind und einige für die Schüler und Schülerinnen besonders interessante Themen sonst außen vor bleiben müssen.

Grenzen und Möglichkeiten

Gelungener Projektunterricht, d. h. die selbst erfahrene Freude, die positive Resonanz der (Schul-)Öffentlichkeit auf die Aktion oder das vorgestellte Produkt motiviert Lehrer und Schüler und stimuliert für weitere Anstrengungen. Aber auf dem Weg dahin können etliche Schwierigkeiten bei Eltern, Schülern und Lehrern auftauchen. Manchmal sind sie groß, unüberwindlich sind sie selten.

Für die meisten Eltern ist Projektarbeit ungewohnt, weil sie aus eigener Erfahrung diesen Unterricht sehr wahrscheinlich nicht kennen und seinen Sinn und seine Effektivität nicht auf Anhieb einsehen. Hier hilft Information durch Gespräch, Elternbrief und handelnde Teilnahme. Ohne Eltern oder andere außerschulische Experten können viele Projekte ohnehin nicht gelingen.

Auch für viele Schüler ist Lernen in Projekten ungewohnt. Sie müssen sich umstellen auf kooperatives Arbeiten und lernen, eigene Wünsche und Vorschläge zu artikulieren, den notorisch knappen Faktor Zeit sinnvoll zu nutzen und für ihr Lernen und ihr Lernergebnis selbst verantwortlich zu sein.

Ebenso ist für die meisten Lehrer die Arbeit in Projekten ungewohnt, weil sie weder als Schüler und meist auch nicht als Studierende so gelernt haben. Ihre Hauptaufgabe besteht darin, sensibel zu sein für die Bedürfnisse und Interessen ihrer Schüler und dafür verantwortungsvoll Freiräume zu schaffen. Sie müssen von der tradierten Rolle des dominierenden Lehrers lassen, ohne in einen laissez-faire-Stil zu verfallen. So wie ein Aufzwingen von Themen und Arbeitsweisen den Schüler einengt, so bleiben Schüler bei einer völlig freigestellten Auswahl der Themen ihren bisherigen und gesellschaftlich vermittelten Erfahrungen verhaftet.

Ferner treten eine ganze Reihe von Problemen im Bereich der Disziplin, der Beurteilung, der Aufsicht, der Zusammenarbeit mit Kolleginnen, der materiellen Ausstattung und noch viele andere mehr auf. Der Lehrer und die Lehrerin, die Projektarbeit durchführen wollen, müssen sich bewußt sein, daß vieles Neue zwar ungewohnt ist, aber auch normal.

- Projektunterricht ist eben immer mit einem gewissen Geräuschpegel verbunden, weil Kinder sich frei im Raum bewegen und unterhalten müssen.
- Beim Verlassen des Klassenraums treten oft Unsicherheiten und Probleme im Aufsichtsbereich auf.
- Die pädagogischen Tätigkeiten der Lehrerin (Beraten, Beobachten, In-

formieren, Beurteilen . . .) werden vielfältiger und komplexer, außerdem werden sie meist kurzfristig und unerwartet verlangt.

- Zum Beurteilen liegen meist Gruppenarbeiten vor, deren Beurteilung vielen Lehrern schwer fällt.
- Die Kooperation der Kolleginnen untereinander bereitet manchmal Schwierigkeiten, weil diese Qualifikation bisher wenig verlangt und geübt wurde.

Der Projektunterricht ist kein Allheilmittel. Häufiger Projektunterricht, zumal in stark differenzierten Gruppierungen, läßt in der Grundschule unter Umständen den Zusammenhang des Lernprozesses und des sozialen Verbandes verlorengehen. Außerdem brauchen Kinder auch die Leitfigur der Lehrerin, die sachliche, soziale und emotionale Kompetenz einbringt. Sie benötigen nicht nur manuelles Tun, sondern auch narrative Unterrichtsphasen und in unserer hektischen Zeit auch die Erfahrung der Stille.

Aus dem Anspruch der Kinder heraus, für das Leben zu lernen, die Persönlichkeit ausbilden zu können, und aus der Notwendigkeit, daß unsere Gesellschaft aktive und handlungsfähige Bürger braucht, darf der Projektunterricht nicht seinen Orchideencharakter behalten. In vielen Situationen ist er die bessere pädagogische Alternative, weil er z. B. im Bereich des sozialen Lernens und der Individualisierung nebenbei mehr und umfassendere Qualifikationen anbahnt, als sie in einem lehrgangsorientierten Unterricht überhaupt vorgeplant werden können. Wenn der Unterricht öfter projektorientiert angelegt ist, Projektarbeit also alltäglicher wird, dann verliert sie auch für die Lehrerin den Ruch des Stressigen. Und Alltäglichkeit tut dem Projektgedanken gut, weil er ja auch die Handlungsfähigkeit für den Alltag ausbilden will. Als Feiertagsdidaktik verfehlt er seine Zielsetzung, weil er dann nur noch die bunten Tupfen liefert, die das graue Einerlei ertragbar machen.

Literatur

Die folgende Literatur wurde zum Teil zugrundegelegt und ist auch für weitere Information empfehlenswert.

Der erste Block bezieht sich weitgehend allgemein auf den Projektunterricht als didaktisches Modell:

- Projektorientierter Unterricht, in: betrifft: erziehung. Weinheim 1976
  darin besonders:
  Röseler, R.: Die Planung des Nichtplanbaren
- Suin de Boutemard, B.: Projektunterricht – wie macht man das?
  75 Jahre Projektunterricht.
- Bönsch, M.: Zum pädagogischen Sinn des Projektunterrichts in der
  Grundschule, in: Die Grundschulzeitschrift, 29/1989
- Dewey, J./Kilpatrick, W. H.: Der Projekt-Plan. Weimar 1935
- Frey, K.: Die Projektmethode. Weinheim 1982
- Gudjons, H.: Was ist Projektunterricht? in: Westermanns pädagogi-
  sche Beiträge 36/1984
- Hentig, H. v.: Schule als Erfahrungsraum, Stuttgart 1973
- Laubis, J.: Vorhaben und Projekte im Unterricht. Ravensburg, 1976
- Suin de Boutemard, B.: Projektunterricht im Primarbereich in: Halb-
  fas, H. u. a. (Hg.): Neuorientierung des Primarbereichs, Bd. 6, Stutt-
  gart 1976

Der zweite Block gibt Hilfen auch für die praktische Umsetzung des Pro-
jektgedankens. Hier werden auch Projekte aus der Grundschulpraxis dar-
gestellt:
- AOL (Hg.): Das AOL-Projekt-Buch. Reinbek 1986
- Beck, G. u. a.: Gemeinsamer Lernerfolg: Projekte. Frankfurt 1976
- Hänsel, D. (Hg.): Das Projektbuch Grundschule. Weinheim 1986,
  darin auch eine Darstellung des Projektbegriffes der Herausgeberin:
  Was ist Projektunterricht, und wie macht man ihn?
- Heller, A./Semmerling, R. (Hg.): Das Pro-Wo-Buch. Königstein
  1983
- Schreier, H./Köhler, B. (Hg.): Fernsehmäuse kitzeln nicht. Umwelt-
  projekte für Kindergruppen und Grundschulen. Mülheim 1987

Projektbeschreibungen

Miniprojekt: Klassenschilder

Miniprojekte, diese Wortzusammensetzung soll den Projektbegriff nicht abwerten. Wie bei jenem legendären englischen Kleinwagen das Wort ‚Mini' die Vollständigkeit des Autos nicht in Frage stellte, sondern nur die Größe meinte, so hebt es beim Projekt auch nur auf eine Dimension ab, nämlich auf die zeitliche.

Miniprojekte haben auch ihre situativen Anlässe, die Fragen aufwerfen, sie zielen auch auf Schaffung eines Produktes, nur der Zeitraum dazwischen bewegt sich in engeren Grenzen. In der Regel geht es um Inhalte, die sich innerhalb von einem oder wenigen Tagen bearbeiten lassen und um Zielsetzungen, die in dieser kurzen Zeit erreicht werden können. Bei diesem überschaubaren Zeitraum hält sich auch der übrige materielle, unterrichtsorganisatorische und personelle Aufwand im Rahmen.

Miniprojekte können sich für alle Klassenstufen ergeben, besonders geeignet sind sie als Einstieg in projektorientiertes Arbeiten in den Eingangsklassen. Im ersten und zweiten Schuljahr kann bei umfangreichen Projekten manchmal der inhaltliche und soziale Zusammenhang verloren gehen, die Begeisterung und Motivation lassen dann nach.

Manchmal ergibt sich die Notwendigkeit, Kinder mit einer Nachricht oder einem Lehrmittel zu einer anderen Klasse zu schicken. Dies erleichtert einige Abläufe, macht die Schüler selbständiger und läßt sie an schulischen Regelungen teilnehmen. Wenn die Tür aufbleibt, und wenn die Anweisungen stimmen, ist auch unter aufsichtsrechtlicher Sichtweise wohl nichts einzuwenden.

Einmal kamen Dennis und Tanja (Klasse 1) von einem Auftrag längere Zeit nicht zurück. Als ich nachschaute, standen sie eine Etage höher vor einer Tür und berieten, ob hier die gesuchte Klasse sei. Es stellte sich heraus, daß sie sich gegenseitig verunsichert hatten. Neben jeder Tür hängt zwar ein Türschild mit dem Namen der Klasse und der Klassenlehrerin, aber wenn man noch nicht lesen kann oder noch nicht alle Buchstaben kennt, ist dies natürlich keine große Hilfe.

Darüber sprachen wir anschließend in der Klasse. Einige Kinder betonten, daß sie sich gut auskennen oder daß sie schon lesen können, aber die Mehrzahl war genauso unsicher wie Tanja und Dennis und überlegte, wie sich solche Situationen vermeiden lassen. Wir berieten Orientierungshilfen. Die Kinder brachten dies in die Frageform: Was können wir tun, um uns in der Schule besser auszukennen? Die Kinder schlugen vor, ich solle immer bis zur Tür mitgehen oder den Weg besser beschreiben. Am Schuljahrsanfang hatten wir einen Erkundungsgang durch die Schule gemacht. Darauf aufbauend schlug ein Mädchen vor, so einen Gang noch einmal zu wiederholen. Ein anderer Vorschlag war, alle Türen sollten eine andere Farbe haben, dann würde man immer leicht die richtige Tür finden. Es wurde diskutiert, ob es genug verschiedene Farben gibt, wer die Türen streichen soll, wer das bezahlen soll und ob man das überhaupt darf.

Schließlich kam ein Vorschlag, der weiterhalf.

„Wir machen einfach Zeichen an alle Türen.“
„Aber es müssen welche sein, die die anderen Kinder auch kennen.“
„Wir können ja Bilder malen.“
„Ja, so wie für unsere Tür.“

Für unsere Klassentür hatten wir einen großen Bären gemalt. Jeder aus der Klasse hatte einen kleinen Bären gezeichnet, ausgeschnitten und seinen eigenen Namen darauf geschrieben. Diese kleinen Bären wurden um den Großen gruppiert. Dementsprechend nannten wir uns auch oft die Bärenklasse. „Also malen wir für jede Tür so ein Bild?“ Hier gab ich zu bedenken, daß die Kinder ihre Klassentüren vielleicht lieber selbst gestalten möchten.

„Dann machen wir nur kleine Bilder, die kleben wir unter die Schilder, die wir nicht lesen können.“
„Welche Bilder wollt ihr denn malen?“
„Egal.“
„Was schön ist.“
„Wir können Tiere malen.“
„Ja, dann haben wir ganz viele Tierklassen an der Schule.“
„Eine Hundeklasse, eine Katzenklasse.“
„Ja und in der 4 b ist meine Schwester, die mag Pferde. Die kriegen dann ein Pferdebild.“
„Und wenn die anderen Kinder keine Pferde mögen?“
„Vielleicht müssen wir die anderen Kinder auch fragen?“

Daraus entwickelte sich die Planung des weiteren Vorgehens. Jeweils zwei Kinder sollten in ein anderes Schuljahr gehen und von unserem Vorhaben berichten. Die Kinder dieser Klasse sollten sich zu dem Vorschlag äußern oder ein anderes Tier vorschlagen. Die Kinder bildeten dann Zweiergruppen und gingen nach der Pause in die anderen Klassen. In der Pause hatte ich die Kolleginnen gebeten, die Kinder möglichst zu Wort kommen zu lassen und sich nicht gestört zu fühlen in ihrem eigenen Unterrichtsablauf.

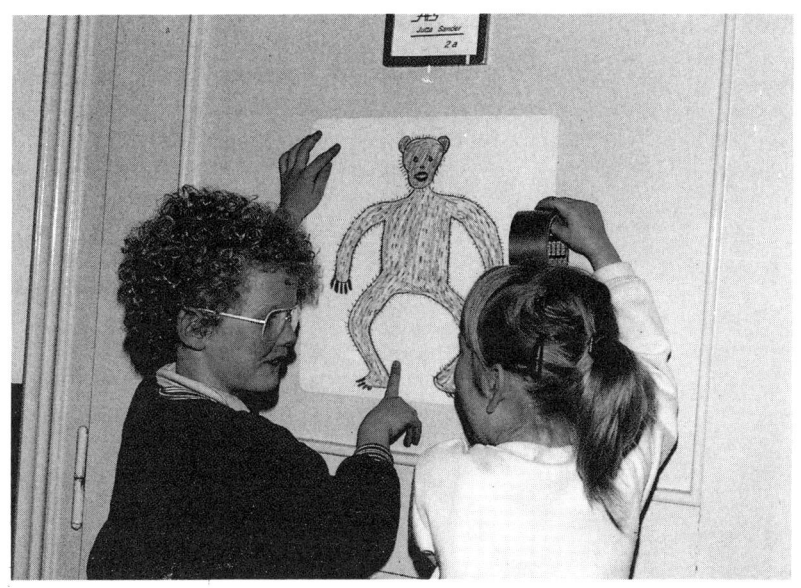

Einige Kinder kamen auch rasch zurück und berichteten freudestrahlend, daß alles klar sei, und ob sie schon mit dem Malen anfangen könnten. Ich bat sie zu warten. Als alle zurück waren, informierten sich die Kinder gegenseitig. Im Gegensatz zu den anderen waren drei Partnergruppen ziemlich enttäuscht. Eine Gruppe hatte die Klasse nicht angetroffen, weil diese zum Sportunterricht außer Haus war; die anderen zwei Gruppen hatten Klassen angetroffen, die nicht so entscheidungsfreudig waren. Sie mochten den Tiervorschlag der Kinder nicht sofort akzeptieren, sondern wollten in der Klasse erst über einen eigenen Vorschlag diskutieren. Ein Ergebnis wollten sie bis zur 12-Uhr-Pause mitteilen, aber dann hatten die Erstkläßler bereits Schulschluß.

Am nächsten Morgen bekamen wir die Tierwünsche der drei übrigen Klassen genannt. Dabei amüsierte die Kinder, daß der Vorschlag ‚Affe‘ von einer Klasse mit der empörten Äußerung „Wir sind doch keine Affen!" abgelehnt wurde. Die zweite Klasse jedoch hatte sich ausdrücklich gewünscht, ein Affenbild zu bekommen. Die Kinder freuten sich darüber, weil Ani so tolle Affen malen konnte.

Wir einigten uns dann auf ein Din A 5-Format, und die Kinder malten die zehn benötigten Tierbilder. Dann gingen wir an allen Klassen vorbei und hängten die Bilder unter die ‚offiziellen‘ Türschilder. Von dem einen oder anderen der größeren Kinder gab es hämische Bemerkungen über die

Malkünste der Kleineren. Aber insgesamt war die Resonanz positiv, und die Größeren meinten gönnerhaft, daß sich jetzt „die Kleinen" besser in der Schule zurechtfinden könnten.

Miniprojekt: Gemüsesuppe

Das folgende Beispiel für ein Miniprojekt bezieht sich auf ein zweites Schuljahr. Hier kam kurz vor der großen Pause Frau Brandes vorbei, um mich zu bitten, ihre Tochter Daniela wegen eines Arzttermins schon um 11.30 Uhr zu entlassen. Frau Brandes kam gerade aus ihrem Schrebergarten und hatte einen großen Korb mit frischem Gemüse dabei. Ein Kind, das die Mutter gut kannte, sagte ganz unbefangen: „Frau Brandes, krieg ich 'ne Möhre?" Wer würde da nein sagen? Frau Brandes jedenfalls nicht. Aber damit ermunterte sie andere Kinder. Natürlich wollten auch sie jetzt gerne eine Möhre. Andere entdeckten sogar Kohlrabi und fragten danach. Halb lachend und halb abwehrend meinte sie:

> „Kinder ihr könnt mich doch nicht ausplündern. Ich wollte doch eine Suppe kochen."
> „Möhrensuppe, habe ich ja noch nie gehört."
> „Sie heißt auch nicht Möhrensuppe, es gibt ‚Quer durch den Garten' bei uns."
> „Habe ich auch noch nicht gehört."
> „Vielleicht heißt sie bei euch ganz einfach ‚Gemüsesuppe'."
> „Und warum heißt sie bei Ihnen ‚Quer durcheinander?'"
> „Weil quer durch den Garten alles in die Suppe kommt, was gerade reif ist."
> „Ist die lecker?"
> „Mußt du mal ausprobieren. Ich esse sie für mein Leben gern."
> „Wir haben ja keinen Garten mit Möhren."
> „Die kann ich euch geben."
> „Und Kohlrabi?"
> „Kohlrabi und Erbsen und Bohnen, nur Kartoffeln haben wir keine im Garten."
> „Die haben wir selbst zu Hause."
> „Mensch, sollen wir das nicht hier machen?" (Blick zum Lehrer)
> „Ich weiß nicht, dafür brauchen wir bestimmt mehr als nur das Gemüse."
> „Ich mache Ihnen einen Vorschlag: gleich muß ich ja mit Daniela zum Arzt, da geht es nicht. Aber morgen könnte ich um acht Uhr mit zur Schule kommen, und dann gehen wir zum Garten und holen, was wir brauchen."

Diesmal war es der Lehrer, der nicht nein sagen konnte. Eine kurze Absprache mit der Mutter klärte, daß sie für Gewürze sorgen wollte.

Nach der Pause überlegten wir zusammen, was wir für den nächsten Tag noch brauchten. Die Kinder berieten zunächst in der Tischgruppe,

dann trugen wir alles an der Tafel zusammen: Zutaten, Besteck, Geschirr. Dann wurde jeweils dahinter geschrieben, welches Kind was mitbringen sollte. Für seinen Suppenteller und seinen Löffel mußte jeder selbst sorgen. Jeder sollte auch eine Kartoffel, ein Schälmesser und ein Schneidebrettchen dabei haben. Zwei große Töpfe und eine Kochplatte waren an der Schule vorhanden. Damit wir uns nicht ‚blamieren‘, wollte jeder zu Hause schon mal nachfragen, wie so eine Gemüsesuppe gekocht wird.

Frau Brandes zeigte sich denn auch am nächsten Tag ganz überrascht über das Vorwissen der Kinder. Ein Kind berichtete zwar den Ausspruch der Mutter „Sowas habe ich noch nie gekocht, weil dein Vater das nicht auf dem Tisch haben will." Aber ansonsten waren die Bestandteile und die Kochzeit der Gemüsesuppe bekannt. Die meisten Kinder gaben an, daß ihre Mütter Fleisch als wichtigen Bestandteil genannt hätten. Hier schlug Frau Brandes dann vor, die Suppe mit fertiger Fleischbrühe anzusetzen und Bratwurstbällchen als Fleisch dazuzugeben, weil Brühe aus Suppenfleisch sonst viel zu lange kochen müßte. Sie hatte auch schon Brühwürfel mitgebracht und ebenso Porree, weil die Suppe dann besser schmeckt. Der eigene Porree im Garten war noch zu klein. Daß fast jeder eine Kartoffel dabei hatte, fand sie zuviel und bekam Zuspruch von einem Jungen: „Mein Vater hat mich auch schon gefragt, ob wir eine Gemüsesuppe oder eine Kartoffelsuppe machen wollten."

24

Dann gingen wir mit Frau Brandes zum Schrebergarten. Für viele Kinder war es das erste Mal, Kohlrabi nicht in einer Kiste zu sehen, sondern als Pflanze mit Blättern und Wurzeln, und ebenso gab es neue Eindrücke von Bohnen und Erbsen.

Nach dem ersten Überblick über den Garten gab Frau Brandes Tüten aus und teilte Erntegruppen ein. Mit den Erbsen, Bohnen, Möhren und Kohlrabi ging es dann zurück in die Klasse. Auf dem Rückweg machte Frau Brandes mit zwei Kindern einen kleinen Umweg an einer Metzgerei vorbei und kaufte acht Bratwürste. In Gruppen wurde das Gemüse geputzt, geschnitten, gewürfelt, gewaschen und die Bratwurst zu kleinen Fleischbällchen geformt und ebenfalls in die Suppe gegeben. Abgeschmeckt hat Frau Brandes. Gegessen haben alle, denn eine Suppe, die so entsteht, die schmeckt auch. Noch etwas haben alle gemacht: gespült.

Klassenschilder und Gemüsesuppe, beides firmiert hier unter der Rubrik ‚Miniprojekt‘; ‚Mini‘ war nur der zeitliche Rahmen, ansonsten überwogen über weite Phasen dieses Unterrichts die projektartigen Elemente: Beide Aktionen entstanden aus einem situativen Anlaß, wurden von den Interessen der Schüler initiiert und getragen. In handlungsorientierten Arbeitsformen entstand unter relativ großem Freiraum im Bereich von Planung und Durchführung ein gemeinsames Produkt.

Buntes Brot macht Wangen rot

Die Idee kam von einer Mutter der 4 a. Wir saßen nach der offiziellen Klassenpflegschaftssitzung noch zusammen, da sagte sie: „Können Sie der Daniela nicht mal sagen, daß sie morgens ordentlich frühstücken soll?"

Damit hatte sie wohl ein aktuelles Thema angesprochen, denn sofort stießen weitere Mütter ins gleiche Horn: „Seit dieser neuen Fernsehwerbung mit der Milchschnitte will unser Sohn auch kein anderes Schulfrühstück mehr." „Und wenn der Jan nichts anderes will, nimmt unser Kashan natürlich erst recht nichts".

Die drei anwesenden Väter hielten sich bei dieser Thematik bezeichnenderweise zurück, konnten aus eigener Anschauung nichts beitragen, verstanden zunächst auch gar nicht die Problematik. Für sie war eigentlich klar, daß das Frühstücksverhalten ihres Kindes eine direkte Funktion der mütterlichen Anweisung sei.

„Wenn du meinst, daß eine Möhre gesünder ist als eine Milchschnitte, dann mußt du ihm eben eine Möhre mitgeben." Der Vater erntete schallendes Gelächter ob seiner vereinfachenden Sichtweise. „Ja, wieso nicht, und wenn es wirklich nicht geht, was soll dann der Lehrer erreichen?"

Das hatte ich mich natürlich auch schon gefragt, war innerlich auch schon ein wenig auf Abwehr eingestellt. Daß Umfang und Art des Schulfrühstücks bestimmten Kriterien genügen sollten und deshalb auch ein pädagogisches Problem darstellen, steht außer Zweifel. Aber auch die Eltern haben pädagogische Aufgaben. Sollte da also wieder eine neue Aufgabe auf die Schule zukommen, sollte der Lehrer ex cathedra in das häusliche Ernährungsverhalten hineinregieren, um lästige Diskussionen zwischen Eltern und Kindern abzukürzen.

Zunächst hörte es sich so an. Die überragende Autorität des Lehrers wurde zitiert. „Wie stellst du dir das vor? Wenn ich dem Jan einfach eine Möhre mitgebe, was glaubst du, was der für ein Theater macht. Der weigert sich glatt, zur Schule zu gehen. Der sagt dir, daß nur die Weiber Möhren mitnehmen. Wenn aber der Lehrer sagt, daß Möhren gesünder sind als Milchschnitten, dann nimmt er sie auch mit, dann schämt der sich auch nicht vor den anderen. Das war im Winter genauso. Ich wollte, daß er zum Schwimmen eine Mütze mitnimmt, weil er sich sonst mit den nassen Haaren bei dem kalten Wind leicht erkältet. Da war nichts zu machen. Als der Lehrer aber sagte, daß beim nächsten Mal jeder eine Mütze mitbringen sollte, da wurde das sofort akzeptiert."

Obwohl hier wieder auf die Autorität des Lehrers abgehoben wurde, schimmerte doch das eigentliche Problem durch. Frühstück und besonders das Schulfrühstück sind eben nicht als individuelles Problem zu sehen. Zumindest das Schulfrühstück findet in der Gruppe statt, teils von Profilierungsgehabe, Anpassungs- und Rechtfertigungsdruck begleitet. Daraus resultiert die Begründung, dieses pädagogische Anliegen auch in der Schule zu thematisieren. Dies kann jedoch nicht in der Art geschehen, die zunächst intendiert war, daß der Lehrer quasi per einstweiliger Anordnung Qualität und Quantität des Frühstücks verfügt. Zum einen von der Sache her nicht, zum anderen nicht vom Anspruch der Kinder her. Ein gesundes Frühstück zielt auf Verhaltensänderung und diese bedarf der Mitwirkung aller Beteiligten, insbesondere also der Kinder. Deren Akzeptanz kann nur erreicht werden über Information, den Abbau von Vorurteilen, die Einsicht und vor allem die affektiv gestützte Einstellung, daß es sich wirklich lohnt, sein Frühstücksverhalten umzustellen, weil es durchaus Spaß macht und dazu auch noch schmeckt.

In diesem Sinne startete ein Frühstücksprojekt, in dem Kinder, Eltern und Lehrer aktiv wurden.

Ich berichtete den Kindern von den Wünschen und Anregungen der Eltern. Nach einigen Protesten („Typisch, das war bestimmt meine Mutter!") kristallisierten sich zwei weiterführende Meinungen heraus:

– Wir müssen erst wissen, was überhaupt gesund ist.
– Wir müssen selbst ausprobieren, wie ein gesundes Frühstück schmeckt.

Dementsprechend wurden eine Gesundheitswoche und eine Frühstückswoche geplant. In der Gesundheitswoche wurde an außerschulischen Lernorten und durch Gäste im Unterricht eine gute Informationsbasis für eigenes Handeln geschaffen. Durch die Vermittlung von Eltern bekamen wir zwei Besuchstermine bei Ärzten.

Zunächst konnten wir eine Zahnärztin des städtischen Gesundheitsamtes in ihren Räumen besuchen. Der Besuch begann mit der angstfreien und darum sehr spannenden Besichtigung eben dieser Räumlichkeiten. Da weckten Gebißmodelle mit den verschiedenen Zahnarten oder fehlerhaften Zahnstellungen, Zahnspangen und Zahnarztutensilien als Exponate die kindliche Neugier. Jeder konnte mal den Effekt der Schwenkleuchte sehen, den Zahnarztstuhl anheben und selber damit hoch- und runterfahren, sowie Mundspülwasser pumpen. Danach ging es dann im Wartezimmer um den Zusammenhang zwischen Zahnerkrankungen und Ernährung. Die Kinder stellten Fragen, und die Ärztin antwortete sachlich und verständlich. Erfreulich war, daß sie keine überzogenen Forderungen stellte und den Kindern Gesundheitstips gab, die erfüllbar waren. Sie verbot Süßigkeiten z. B. nicht, sondern empfahl den Kindern, den Verzehr von

Zuckerhaltigem nicht über den ganzen Tag zu verteilen, sondern dann zu naschen, wenn sie hinterher ohnehin die Zähne putzen, also etwa nach den Mahlzeiten.

Danach konnten wir am Mittwochnachmittag in der praxisfreien Zeit einen Kinderarzt besuchen. Auch er hatte sich inhaltlich auf die Thematik vorbereitet, so daß es ihm gelang, sich auf die Verständnisebene der Kinder einzustellen.

In der Schule hatten wir Fragen gesammelt und zu Themengruppen zusammengestellt. Einzelne Schüler trugen die Fragen vor, andere notierten die Antworten. Gefragt wurde nach gesunden Nahrungsmitteln und nach Art und Anzahl der Mahlzeiten.

Der Arzt machte den Kindern bewußt,
- daß Unwohlsein, Müdigkeit und auch Krankheiten durch falsche Ernährung bedingt sind;
- daß viele Menschen durch Überernährung ihre Leistungsfähigkeit verlieren;
- daß zuviel Salz ungesund ist;
- daß spätes Essen die Nachtruhe beeinträchtigen kann;
- daß zuckerhaltige Nahrungsmittel bei manchen Kindern zu großer Unruhe führen.

Insgesamt vertrat auch dieser Arzt eine wenig dogmatische Ansicht. Als bedenklich bezeichnete er den übermäßigen Verzehr von Zucker und Salz und wies darauf hin, daß man ansonsten jede einseitige Ernährung vermeiden sollte.

Am Donnerstag war dann die Ernährungsberaterin der AOK in der Schule zu Gast. Der Kontakt kam zustande, weil sie mit einer Kollegin befreundet war und sich dadurch bereits über die schulischen Akzente im Bereich der Gesundheitserziehung vertraut gemacht hatte. Sie stellte ein 10-Punkte-Programm vor, in dem die Kinder einige ihrer bisherigen neuen Erfahrungen wiedererkannten, d. h., es ging um eine weitgehend salz-, fett- und zuckerarme Ernährung, um eiweißreiche und abwechslungsreiche Kost und um viel Obst und Gemüse. Besonders positiv für die Motivation der Kinder war es, daß sie eine Begründung für das Schulfrühstück lieferte. Sie berichtete, daß der Körper zwei bis drei Stunden nach dem Aufstehen in der Leistungsfähigkeit etwas nachläßt. Hier kann das Schulfrühstück für neue Leistungsreserven sorgen. Ohne diesen Nachschub kann die Konzentration und körperliche Belastbarkeit nachlassen. Außerdem brachte sie für alle Kinder eine Broschüre mit, die einige Anregungen für das Schulfrühstück enthielten. Diese Broschüre nahmen die Kinder mit nach Hause und wollten sie bis zum nächsten Tag durchschauen.

Am Freitag trafen wir uns in der Klasse. Wir hängten die Ergebnisse der letzten Tage auf, die jeweils schriftlich festgehalten worden waren und wollten nun unsere Frühstückswoche besprechen. Sechs Mütter waren ebenfalls da und setzten sich in unsere Runde. Wir erinnerten uns noch einmal an die neuen Kenntnisse dieser Woche und besprachen die Anregungen aus der Broschüre. Dann begannen die konkreten Überlegungen und Planungen.

In zeitlicher Hinsicht standen, wegen einer anderen Veranstaltung, nur vier Tage zur Verfügung; die Vorbereitungen für das gemeinsame Frühstück wurden jeweils für die ersten beiden Stunden vorgesehen. Sie sollten mit dem Frühstück abschließen. Nach der großen Pause sollte es mit dem normalen Stundenplan weitergehen. Diese Regelung war leicht zu treffen, da ich als Klassenlehrer die Stunden ohne Komplikationen umlegen konnte, eine Doppelstunde Sport wurde getauscht.

Wie sollte das Frühstück an den vier Tagen nun aussehen? Hierzu wurden mehrere Kriterien und Wünsche geäußert und auf einem Plakat festgehalten:

Unser Frühstück
- Jeden Tag soll es etwas anderes zum Frühstück geben.
- Es muß alles in der Schule herzustellen sein.
- Es soll nicht zu teuer werden.
- Es soll etwas für alle sein, alle sollen das Essen mögen.
- Das Essen soll in zwei Stunden fertig werden.
- Das Frühstück soll gesund sein. Möglichst alle Kinder sollen bei der Herstellung beteiligt sein.

Ausgehend von diesen gemeinsam definierten Zielsetzungen entstanden im Gespräch zwischen Eltern, Kindern und Lehrer vier Vorschläge, die von allen akzeptiert wurden. Sie wurden auf einer Tapetenbahn festgehalten:

1. Tag: Müsli
2. Tag: Quarkbrötchen
3. Tag: Tsatsiki
4. Tag: Bunte Brote

Der Müsli-Vorschlag lag auf der Hand, weil Müsli in der allgemeinen Meinung sozusagen zum selbstverständlichen Repertoire gesunder Ernährung gehört. Den Quarkbrötchen-Vorschlag machte eine Mutter, die darauf hinwies, daß diese Brötchen süß und doch gesund seien. Den Kindern gefiel er, weil so auch etwas gebacken wurde. Da wir zwei gespendete alte, aber gebrauchstüchtige Öfen in der Schule zur Verfügung haben, war die Realisierung kein Problem. An unserer Schule sind etwa dreißig griechische Kinder, da lag auch der Tsatsiki-Vorschlag nicht fern. Und die Bunten Brote wünschten sich nahezu alle Kinder. Sie hatten Beispiele in der AOK-Broschüre gesehen, in der Brote bunt garniert waren mit gelben Paprika, grünen Gurken oder roten Radieschen, in verschiedenen Mustern und sogar in Gesichter-Form.

Nach dieser inhaltlichen Festlegung ging es um die organisatorische Absicherung. Es wurden Gruppen gebildet, welche die notwendigen Aufgaben überlegten und ihre Arbeitsaufgaben untereinander einteilten.

- Wer bringt was mit? (Geräte, Geschirr)
- Wer kauft was ein? (Lebensmittel)
- Wer macht was mit wem? (Gruppeneinteilung)
- Wer deckt den Tisch? (Sets, Servietten, Blumen)

Auch diese Aufgabenverteilung wurde auf die Tapetenbahn geschrieben. Alles konnte noch nicht abschließend geregelt werden, doch das Müsli für Montag konnte starten. Vieles wurde kostenlos zur Verfügung gestellt, der Rest wurde aus der Klassenkasse finanziert.

Zwei Mütter waren am Montag dabei und auch an den anderen Tagen kam jeweils eine Mutter mit. Zwei Ergänzungen wurden noch verabschiedet: zu den Quarkbrötchen stellten wir Milchshake mit Bananen her und am Tsatsiki-Tag machten wir mit fast den gleichen Zutaten noch einen Früchte-Quark-Sahne-Joghurt. So erreichten wir in jedem Fall, daß jeder mithelfen und auch jeder mit Appetit mitessen konnte.

Daß viele Köche den Brei verderben, bestätigte sich in dieser Woche jedenfalls nicht. Es gab keine Reste und was erfreulich war: beim Aufräumen und Spülen wollten die Jungen nicht hinter den Fähigkeiten der Mädchen zurückstehen.

Natürlich gab es eine Rückblende zu unserer Gesundheitswoche. Die Kinder waren begeistert und hätten diese Frühstückswoche am liebsten zu einer Dauereinrichtung gemacht. Sie reflektierten dabei nicht nur die zubereiteten Gerichte, sondern fanden auch ihre Art der Zusammenarbeit gut. Sie schlugen von sich aus vor, die Rezepte und Tips für die Gesundheit in einem Mini-Buch zusammenzustellen.

Auch mit den Eltern wurden Verlauf und Erfolg der Woche besprochen. Die Reaktion hatte einen positiven Grundtenor, war aber auch differenziert. Einige Eltern fanden „die ganze Aktion einfach toll", weil sie früher so etwas nicht gemacht hatten. Andere fanden es zwar auch gut, fragten jedoch etwas besorgt nach dem pädagogischen Wert der Woche und dem dafür ausgefallenen Unterricht. Ihnen half die Information, daß man Schwerpunkte des Unterrichts auch mal epochal blocken und dafür später andere Akzente setzen kann, daß der Stundenplan also kein festes Raster ist, das stechuhrmäßig erfüllt werden muß, sondern daß man die

Planung und ...

Ergebnis

Stimmigkeit der Stundenanteile im größeren zeitlichen Zusammenhang sehen sollte. Aus ganz anderen Gründen waren einige Eltern nicht nur erfreut. Hier zeigte sich nämlich, daß das Projektkriterium „gesellschaftliche Relevanz" im Alltag einiger Familien Spuren hinterlassen hatte. Die Kinder fragten zu Hause öfter nach gesunden Nahrungsmitteln, nach kräftigerem Brot, nach Kuchen aus Weizenschrot, nach Müsli und bunten Broten. Vor allem wollten sie selbst mehr mitbestimmen und mitwirken (d. h. auch ganz praktisch mithelfen) bei ihrem Essen. Dies wiederum führte zu größerem Zeitaufwand, zur geänderten Rollenverteilung, zu Störungen im gewohnten häuslichen Ablauf. Nach außen hin zeigten sich die Eltern zum Teil amüsiert, mockierten sich über ihr eigenes Verhalten und ihre mangelnde Flexibilität. Im Umgang mit der neugewonnenen Kompetenz ihrer Kinder waren sie jedoch zum Teil auch überfordert und reagierten oft bis zur Maxime, die ihre eigene Kindheit geprägt hat, daß nämlich gegessen wird, was auf den Tisch kommt.

Im Interesse aller – auch im Hinblick auf den schulischen Ablauf und die finanziellen Möglichkeiten – haben wir für die Klasse dann die Lösung gefunden, von nun an jeweils am ersten Montag eines neuen Monats ein gemeinsames Frühstück einzunehmen. Dieser Kompromiß wurde von allen gutgeheißen, und zunehmend kamen auch mehr Eltern zu diesen Tagen mit zur Schule. Das Interesse blieb bestehen, das zeigte sich zum Beispiel daran, daß es zwischendurch immer wieder kleine Wettbewerbe zwischen den Kindern zu neuen Frühstücksideen gab.

Zum Schuljahrsabschluß ließen die Kinder es sich nicht nehmen, das Abschlußessen mitzugestalten und dabei auch auf den Gesundheitsaspekt zu achten. Sicherlich war diese Einstellung nicht für alle und noch nicht für das ganze Leben prägend. Sicher werden auch bei ihnen hin und wieder die Lockungen des kollektiven jugendlichen fast-food-Genusses durchschlagen. Doch es ist zu hoffen, daß ein Teil der Sensibilität erhalten bleibt für die Einsicht, daß jeder für die Gestaltung seines Lebens mitverantwortlich ist.

Der Wolle auf der Spur (Christiane Nekes)

Projektunterricht sollte nicht mit dem Gedanken verbunden werden, daß er sich nur in Klassen mit überdurchschnittlich hohem Leistungsniveau, mit Kindern der sogenannten Oberschicht, umsetzen lasse. Vielmehr ist er auch dort durchführbar, wo Kinder aufgrund weniger positiver Lebensumstände mehr Schwierigkeiten zu bewältigen haben. Dies soll das nachfolgend beschriebene Projekt zeigen, das mit ausländischen Grundschulkindern durchgeführt wurde.

Zur Ausgangslage: 17 lebhaft an ihrer Umwelt interessierte Jungen und Mädchen einer dritten Grundschulklasse im stark industrialisierten Duisburger Norden, die allesamt der türkischen Nationalität angehörten und islamischen Glaubens waren. Ihre deutschen Sprachkenntnisse waren – obwohl alle Schüler in Duisburg gebürtig – begrenzt, da die ghettohafte Wohnsituation einem frühzeitigem Zweitsprachenerwerb entgegenstand.

Der Gedanke reifte, mit diesen Kindern ein Projekt durchzuführen, das ihre Lebenswirklichkeit berührte und ihre Kenntnisse und Fähigkeiten erweiterte. Es sollte das praktische Tun in den Vordergrund stellen, um so ein Lernen durch Handeln zu ermöglichen und die sprachliche Kommunikation anzuregen bzw. zu erleichtern, und natürlich auch Spaß machen. Eignete sich dazu nicht das Thema „Wolle – Be- und Verarbeitung", das das handelnde Nacherleben der Aufbereitung eines Naturstoffes für die menschliche Nutzung beinhaltete?

Schafzucht ist den ländlich geprägten Gebieten der Türkei weit verbreitet, da die Tiere zum einen Fleisch liefern, zum anderen das Rohmaterial für Bekleidungs- und Gebrauchsgüter stellen. Bei Kindern türkischer Nationalität kann man – trotz ihres Aufwachsens in Deutschland – davon ausgehen, daß sie das Schaf als Wollieferanten kennen. Wahrscheinlich haben die Schüler während ihrer Ferien in der Türkei schon den einen oder anderen Vorgang zur Wollherstellung beobachtet. Möglicherweise beschäftigten sich die türkischen Mütter auch hier in Duisburg mit einzelnen Arbeitsgängen.

Zur Einstimmung in das Projekt brachte ich den Schülern Rohwolle von verschiedenen Schafen mit, die sie sofort als Schafwolle identifizieren. Es kam ein lebhaftes Gespräch über Herkunft, Aussehen, Geruch und Verwendung von Wolle und über Schafe in Gang; z. B. erzählte Derya, daß sie in den Rheinwiesen einen Schäfer mit seiner Herde gesehen hätte. Das ist in Duisburg nichts Ungewöhnliches, da es sich aufgrund des hohen moslemischen Bevölkerungsanteils wirtschaftlich lohnt, Schafe zu züchten und die weitläufigen Wiesen an Rhein und Ruhr gute Voraussetzungen dafür bieten. Tayfun äußerte den Wunsch, den Schäfer zu besuchen, um mehr über Schafe und Wolle zu erfahren, worin er von den anderen Schülern kräftig unterstützt wurde. Also beschlossen wir, den Schäfer zu besuchen. Da er sich nicht direkt im Schulbezirk aufhielt, machte ich mit ihm einen Besuchstermin aus. Die Schüler überlegten sich Fragen, die aufgeschrieben und unter den Schülern verteilt wurden, so daß jede Partnergruppe mindestens eine Frage an den Schäfer stellen konnte und als Erinnerungsstütze und sprachliche Hilfe das Fragekärtchen zur Hand hatte. Mit der Straßenbahn fuhren wir zum Schäfer. Für die Kinder war die Begegnung mit Schäfer und Schafen ein großes Erlebnis. Sie erfuhren vom Schäfer viel über das Leben mit Schafen, über Schafe selber und über die Wollgewinnung. Dabei tauchte die Frage auf, was denn eigentlich nach der Schur mit der Wolle passiert, bis sie letztendlich zu Pullovern, Teppichen u. a. verarbeitet werden kann. Für die Schüler war klar, daß die Wolle gewaschen und gesponnen werden mußte. Sie berichteten mit entsprechender Gestik lebhaft von ihren Erfahrungen aus der Türkei und stimmten dem Vorschlag, dies alles doch einmal selbst auszuprobieren, begeistert zu. Damit war das Projekt beschlossene Sache!

Wieder zurück in der Schule hatten die Kinder viel zu tun: Während des Ausflugs waren Fotos gemacht worden, die beschriftet werden sollten, die Fragen an den Schäfer sowie seine Antworten waren aufzuschreiben. Alles mußte auf Plakate übertragen und zu unserem „Woll-Lexikon" gehängt werden, ein Plakat, das aus den zu Beginn des Projektes mitgebrachten Wollproben entstanden war und nähere Angaben wie Farbe, Länge, Schafart enthielt. So konnten die Schüler anhand der Plakate den bisherigen Projekt-Verlauf noch einmal nachvollziehen und ihre Leistungen sehen.

Die nächste Aufgabe bestand darin, den weiteren Verlauf des Projektes zu planen. Die Schüler hatten sich entschieden, aus Wolle ein kleines Webbild – einen Herbstbaum – herzustellen. Der Webrahmen sollte aus Ästen gebaut werden, ein Berg von ungesäuberter Rohwolle lag in der Kreismitte. Was war zu tun? Was war zu besorgen? Die Gegenwart der Rohwolle und des Webbildes und der dadurch mögliche anschauliche Vergleich zwischen Ausgangs- und Endzustand erleichterte die Beantwortung der Fragen. Die notwendigen Materialien wurden schnell von den Schülern genannt. Wir brauchten vier Stöcke für jeden Webrahmen, Schnur, braune Perlen, Wolle und . . . Zwiebelschalen, wie ich den Schülern mitteilte, denn mit ihnen sollte die Wolle gelb und braun gefärbt werden. Für die Schüler war dies sehr erstaunlich und faszinierend. Während der Erarbeitung der einzelnen Arbeitsschritte waren sie sehr aktiv und motiviert. Sie

- brachten ihre Vorerfahrungen und -kenntnisse ein:
  Das Zupfen der Wolle und das Spinnen mit den Händen ohne Hilfsmittel kannten einige Schüler und demonstrierten es.
- entwickelten neue Ideen:
  Ein Schüler demonstrierte, wie man einen Faden durch Reiben von Wolle zwischen den Händen erzeugen kann.
- relativierten diese:
  Der durch Reiben erzeugte Faden kann nicht beliebig verlängert werden.
- stellten Vermutungen an:
  Man könnte mit Zwiebelschalen färben, indem man sie auspreßt und mit dem „Saft" die Wolle anmalt. („Schalen drücken und dann malen." Demonstration durch einen Schüler)
- versprachlichten die Arbeitsschritte.

Durch die Gegenwart des Webbildes und der Rohwolle erfaßten die Schüler leicht die notwendigen Arbeitsschritte. Lediglich auf das Zupfen und Kämmen zur Säuberung der Wolle mußte ich besonders hinweisen, da es den Medien nicht direkt entnommen werden konnte.

Anschließend wurden die Arbeitsschritte der Reihenfolge nach geordnet, wobei ich auf eine für unsere Umstände günstige Reihenfolge achtete. So sticht z. B. das Waschen der Wolle direkt ins Auge, ist jedoch vor dem Spinnen für ungeübte Hände nicht sinnvoll, da der Spinnvorgang durch das fehlende Fett erschwert wird. Unser Arbeitsplan sah folgendermaßen aus: Wolle zupfen und kämmen – Wolle spinnen – Wolle waschen – Wolle färben – Webrahmen anfertigen – Baum weben. Wir fertigten von dem Arbeitsplan ein großes Plakat an, so daß es den Schülern bei der späteren Durchführung immer möglich sein sollte, sich über den Fortgang der Arbeiten zu informieren. Die Hausaufgabe der nächsten Tage bestand darin, möglichst viele Zwiebelschalen zu besorgen, wobei die Kinder auch vorhatten, in türkischen Imbißgeschäften nach Zwiebelschalen zu fragen, und kleine Äste zu sammeln.

Am nächsten Tag begann die praktische Durchführung des Vorhabens. Zunächst sortierten wir extrem verschmutzte Wolle aus, anschließend führten Schüler das Zupfen der Wolle über einem weißen Papierbogen vor: Ein Wollbüschel wird am sauberen Teil festgehalten, der schmutzige Teil hängt nach unten. Dann zieht man kleine Faserbüschel von oben nach unten weg, so daß die miteinander verklebten Spitzen der einzelnen Woll-

Nimet löst Wolle von der Trommelkarde.

fasern voneinander getrennt werden. Dabei fallen schon sehr viele kleine Schmutzteilchen heraus, wie die Kinder anhand des untergelegten weißen Papierbogens sehen konnten. Nun wurde in kleinen, frei gewählten Arbeitsgruppen, die die Möglichkeit zu sozialen Kontakten boten, die Wolle gezupft. Vier Schüler weigerten sich zunächst, dies zu tun, da ihnen die Wolle zu schmutzig war und zu sehr nach Schaf roch. Erst der Hinweis, daß die Klasse eine Wollfabrik sei, in der die Schüler die Arbeiter und Maschinen darstellten, veranlaßte sie, sich zu beteiligen. Es gefiel den Schülern, in die Rolle von Erwachsenen zu schlüpfen und wertete die Tätigkeit auf. Während des Zupfens begannen die Kinder Martinslieder zu singen, so daß eine schöne Arbeitsatmosphäre entstand.

Nach einiger Zeit unterbrachen die Schüler ihre Tätigkeit, damit die Handhabung der in der Zwischenzeit aufgebauten Kämm- besser „Kardier"-Geräte geklärt werden konnte. Da die Schüler den Umgang mit den Geräten nicht beherrschten, demonstrierte ich ihn kurz und ließ ihn von einigen Schülern wiederholen. Es standen mehrere Handkarden und eine Trommelkarde zur Verfügung. Handkarden sind ungefähr DIN-A-5-große Holzplatten mit Griff, die auf einer Seite mit Kardiertuch (Tuch, in das kleine gebogene Metallhäkchen eingelassen sind) bespannt sind. Man benutzt sie zum Kämmen der Wolle, indem man auf die Häkchenseite der einen Karde etwas Wolle legt und mit der Häkchenseite der zweiten Karde in entgegengesetzter Richtung darüber streicht. Eine Trommelkarde ist ein Gerät, das aus zwei verschiedenen großen Rollen besteht, die mit Kardiertuch bespannt sind. Man kann die Rollen von Hand in Drehungen mit gegenläufigen Richtungen versetzen, wobei die den Rollen zugeführte Wolle gekämmt wird. Bei der Arbeit mit den Geräten wechselten sich die Schüler untereinander ab, so daß jeder mit jedem Gerät arbeiten und Erfahrungen damit sammeln konnte. Während die Schüler zupften und kämmten, bekamen sie Besuch von drei Lehrerinnen, die sich über die Arbeiten in der Klasse informieren wollten. Die Schüler konnten als Experten Fragen zu ihrem Vorhaben beantworten, was sie natürlich mit Stolz erfüllte.

In der abschließenden Besprechung reflektierten die Schüler ihre bisherige Arbeit, berichteten von ihren Eindrücken und Erfahrungen: Die Schüler bemerkten, daß sich die Hände nach dem Umgang mit der Wolle „anders" angefühlt hätten. Das lag am Wollfett. Seinen Sinn und Nutzen fanden die Schüler nicht so schnell heraus, weshalb wir uns vornahmen, dies später zu untersuchen (Versuche zur Wasserdichtheit). Daß durch das Zupfen und Kämmen mit den verschiedenen Kardiergeräten Schmutzteilchen, Tannennadeln und kleine Zweigstückchen aus der Wolle entfernt worden waren, zeigten eindeutig die jeweils untergelegten weißen Papierbögen. Aber das es so viel war, erstaunte die Schüler doch sehr. Sie verglichen auch die Kardiergeräte untereinander und stellten fest, daß mit der Trommelkarde schneller und leichter gearbeitet werden kann. Die entgegengesetzte Meinung zweier Mitschüler konnte am praktischen Beispiel widerlegt werden: Sie hatten zuviel Wolle auf einmal in die Trommelkarde gegeben. Eindrucksvoll war für die Schüler die Weitergabe ihres Wissens an die Lehrerinnen gewesen, weshalb wir beschlossen, auch die Schüler anderer Klassen über unser Projekt durch eine Dokumentation zu informieren.

Der nächste Arbeitsschritt sollte das Spinnen sein. Wolle kann man handwerklich auf verschiedene Arten spinnen: ohne Hilfsmittel, mit einer Fallspindel (das ist ein etwa unterarmlanger, zugespitzter Holzstab, der im unteren Drittel durch einen als Schwungmasse dienenden kreis- oder kreuzförmigen Wirtel führt) und mit einem Spinnrad. Um möglichst viele Vorerfahrungen der Kinder aufzugreifen, empfand ich es als sinnvoll, auf alle drei Verfahren einzugehen. Außerdem konnte so die Verbesserung der Spinntechnik im Laufe der Zeit recht deutlich sichtbar werden.

Bevor wir anfingen, verkündete Mehmet, daß er etwas geschrieben hätte, und las uns einen kleinen Text über seine Erlebnisse während des gestrigen Kämmens der Wolle vor. Diese Initiative war besonders bemerkenswert, da es sich um einen etwas schwächeren Schüler handelte. Die Schüler gaben nun das heutige Vorhaben an („Spinnen") und waren auch in der Lage, es zu umschreiben („einen Wollfaden machen"). So war sichergestellt, daß sie den neuen Begriff inhaltlich erfaßt hatten und nicht nur über eine leere Worthülse verfügten. Eine kundige Schülerin zeigte uns zunächst das Spinnen ohne Hilfsmittel, nur mit den Händen. Sie erläuterte ihr Tun und nannte dabei ganz nebenbei das Prinzip des Spinnens: ziehen und drehen. Natürlich wollten nun auch die anderen Kinder aktiv werden, und so spann nach kurzer Zeit die ganze Klasse Wolle. Dabei wurden wir um eine neue Variante bereichert: Raziye spann Wolle nicht wie wir zu zweit und nur mit den Händen, sondern allein mit einem Fuß und einer Hand! Das hatte sie bei ihrer Mutter gesehen. Die Schüler waren beim Spinnen der Fäden sehr eifrig und mit Freude bei der Sache. In der anschließenden Reflexion machten sie Angaben zum Aussehen ihrer Fäden und berichteten, daß manche Fäden gerissen seien. Dies war eine wichtige Feststellung im Hinblick auf den Vergleich Spinnen ohne Hilfsmittel und mit der Fallspindel. Die Fallspindel kannten einige Schüler vom Sehen, ihre Handhabung war ihnen jedoch nicht eindeutig klar. Während der Demonstration sprachen die Schüler die einzelnen Handgriffe für die Partnerarbeit mit: Fallspindel *drehen*, Fallspindel *festhalten*, Wolle *ziehen*, Faden *loslassen*, so daß sich die Tätigkeiten und ihre Reihenfolge allmählich ein-

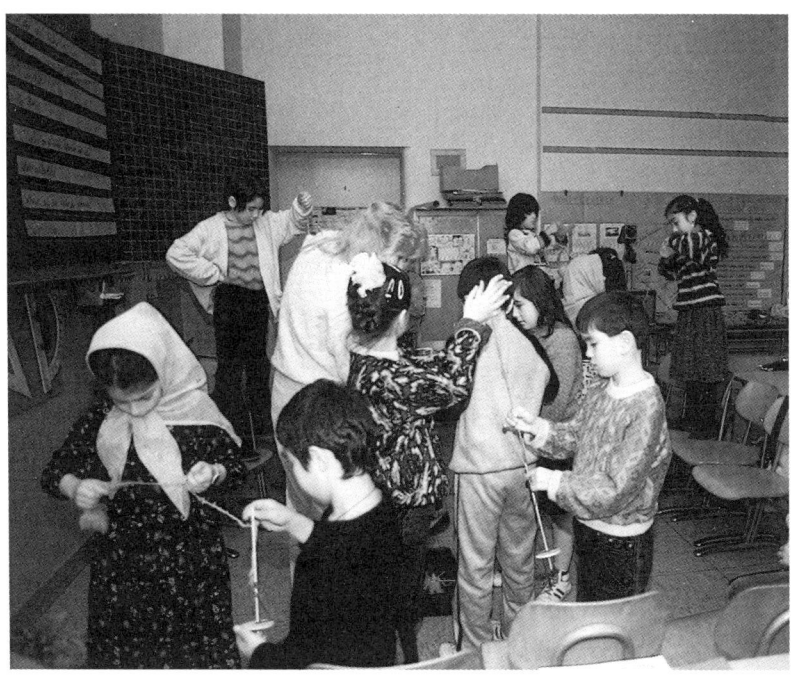

prägten, was für die nachfolgende eigene Arbeit mit den Fallspindeln wichtig war. Es beeindruckte sie, wie der Drall, den die Fallspindeln erzeugt hatten, in die etwas bauschige, herausgezogene Wolle überging und dadurch einen straffen Faden erzeugte. („Das war dick, dann wird es dünn." „Das wird wie echter Faden.") Während ihrer eigenen Spinnversuche zusammen mit einem Partner waren die Schüler sehr motiviert. („Wir machen zwei Stunden so.") Es klappte auch ganz gut, die meisten Schüler konnten den angesponnenen Faden ein Stückchen weiterspinnen.

Danach war das Spinnrad an der Reihe. Ich hatte eine Hobbyspinnerin eingeladen, die bereit war, uns das Spinnen mit dem Spinnrad vorzuführen. Nach Vorstellung und aufmerksam verfolgter Demonstration stellten die Schüler viele Fragen und machten Feststellungen:

„Wo hast du gelernt?" „Warum ist die Schnur da?" „Wofür sind die Häkchen?" „Hast du Spinnrad gekauft oder gebaut?" „Wenn Sie treten, dreht sich Rad!" Hier zeigte sich, wie wichtig der Einsatz konkreter Medien ist. Sie motivieren die Schüler, ermöglichen kleine Entdeckungen, werfen Fragen auf und bieten größtenteils die Gelegenheit, diese Fragen auch zu beantworten. So konnten die Schüler z. B. ihre Frage „Warum ist die Schnur da?" selbst beantworten, als die Schnur vom Spinnflügel abgenommen worden war und er sich daraufhin nicht mehr drehte.

Natürlich wollten die Schüler auch dieses Spinnverfahren selbst ausprobieren. Unter der Anleitung unserer Fachfrau konnten manche Schüler ein kleines Stückchen Faden spinnen. Ein zweites Spinnrad, das uns zur Verfügung stand, war etwas einfacher zu bedienen, da der eigentliche Spinnvorgang wegfiel; es wurde nur mittels Treten ein fertiger Wollfaden auf die Spule gewickelt. Zum Schluß kamen alle Kinder noch einmal zum Gespräch zusammen. Im Rückblick beschrieben sie das Spinnen ohne Hilfsmittel und mit der Fallspindel. Meine Frage, was denn bei beiden gleich gewesen wäre, beantworteten sie mit „Ziehen und Drehen" und hatten damit das Prinzip des Spinnens in diesen beiden Fällen erkannt. Beim Spinnrad war es etwas schwieriger, da den Kindern besonders das in Erinnerung war, was sie selbst getan hatten: Wolle ziehen und das Spinnrad treten. Anhand des fertigen Produktes wurde ihnen jedoch wieder bewußt, daß die Wolle nicht nur gezogen, sondern auch gedreht worden war. Weitere Feststellungen der Schüler bezogen sich auf die schnellere und bequemere Arbeitsweise des Spinnrades, da man hier durchgehend beide Hände für das Ziehen der Wolle frei hat. Dies sahen sie auch als Grund, weshalb die Menschen – obwohl sie Wolle mit den Händen oder mit der Fallspindel spinnen konnten – schließlich das Spinnrad erfanden.

Unser Waschtag war angebrochen! Die Schüler hatten genügend Schüsseln und Litermaße zum Abmessen von kaltem und heißem Wasser mitgebracht, so daß wir für die Gruppenarbeit gut gerüstet waren. Auch diesmal hatte ein Schüler aus eigenem Antrieb selbständig einen Text über Erlebnisse zum vorausgegangenen Arbeitsschritt (Spinnen) verfaßt, den er nun zu Beginn der Unterrichtsstunde vorzeigte und vorlas. Die Rückmeldungen der Schüler zeigten, wie anhaltend sie das Thema und auch die handlungsorientierte Unterrichtsform interessierte und motivierte.

Während der Erarbeitung der Materialien und des Waschvorganges in seinen einzelnen Arbeitsschritten beteiligten sich die Schüler rege. Sie konnten ihre Vorkenntnisse, die sie sowohl in der Türkei als auch in ihrer häuslichen Umwelt gesammelt hatten, einbringen. Einige hatten schon das Waschen von Wolle in der Türkei beobachtet, andere konnten über die Handwäsche von Kleidungsstücken berichten, so daß sich die Erarbeitung der notwendigen Materialien und Arbeitsschritte problemlos gestaltete. Die Schüler spürten, daß ihre außerschulischen Erfahrungen im Unterricht wichtig und gefragt waren. Viele konnten etwas zum Thema beitragen, und wurden so in ihrem Selbstbewußtsein und Sprachvermögen bestärkt.

Da Wolle beim Waschen leicht verfilzt, war es notwendig, daß sich die Schüler möglichst genau an die Waschanleitung hielten. Um dies zu erreichen, hatte ich ein verfilztes Wollstück mitgebracht. Durch Betrachten, Begreifen und Ausprobieren stellten die Schüler fest, daß diese Wolle im Gegensatz zu unverfilzter Wolle fest und verknotet war und daß sich daraus kein Faden mehr spinnen ließ. Lediglich einige Faserbüschel konnten unter einiger Kraftanstrengung herausgerissen werden. Durch die sinnliche und handelnde Auseinandersetzung konnten die Schüler selbständig zwischen beiden Zuständen der Wolle Unterschiede feststellen, wodurch diese sehr einprägsam wurden und an einen vorsichtigen Umgang mit der Wolle mahnten.

Nachdem der Waschvorgang nach Waschanleitung einmal von zwei Schülern vorgeführt worden war, begannen die Schüler, in Gruppen die Wolle zu waschen. Sie gingen recht selbständig vor, die meisten begingen jedoch einen Fehler. Sie drückten die Wolle zu kräftig und zu häufig, so daß sie letztendlich doch verfilzte. Möglicherweise lag dies daran, daß die Wolle zu Beginn des Projektes sehr schmutzig war und dieser Eindruck die Schüler nachhaltig bestärkte, die Wolle kräftig zu waschen.

Die Enttäuschung war groß, ein Teil unserer bisherigen Arbeiten war umsonst gewesen. Derya und Rukiye schlugen vor, noch einmal Rohwolle zu zupfen und zu kämmen, um sie dann ganz vorsichtig zu waschen. So wurde verabredet, mit Schülern, die Zeit und Lust hatten, nach Schulschluß mit diesen Arbeiten zu beginnen. Es meldeten sich sehr viele interessierte Schüler, die mitmachen wollten. Als wir dann später das Waschen der Wolle wiederholten, gingen die Schüler sehr behutsam vor, so daß sie diesmal Erfolg hatten. Die Wolle verfilzte nicht. Anderntags, als die Wolle trocken war, waren die Schüler sehr stolz auf ihre „weiche" Wolle und zeigten sie voller Freude einer Lehrerin, die am Vortag nur die verfilzte Wolle gesehen hatte.

Da die Wolle nun gereinigt und fettfrei war, konnten wir mit dem Färben beginnen. Die Schüler hatten diesen Arbeitsschritt in ihrer Heimat noch nicht beobachten können und waren sehr gespannt darauf, besonders, da mit Zwiebelschalen gefärbt werden sollte, die sie in den letzten Tagen mit großem Eifer gesammelt hatten. Wie das wohl funktionieren würde? Einen Tag zuvor bedeckten wir die Zwiebelschalen mit Wasser und ließen sie darin einen Tag ziehen. Am nächsten Tag waren die Schüler sehr darüber erstaunt, daß die Zwiebelschalen das Wasser braun gefärbt hatten. Nun bekam jeder eine Arbeitsanleitung in die Hand, deren Arbeitsschritte im Sitzkreis gelesen, besprochen und anschließend von 1–3 Schülern, die pro Arbeitsschritt wechselten, ausgeführt wurden, so daß jeder Schüler am

Geschehen beteiligt war. Das Arbeiten nach einer schriftlichen Anleitung war ein wesentlicher Bestandteil dieses Komplexes. Die Fragen „Was haben wir getan?" „Was müssen wir als nächstes tun?" traten häufig auf und waren Anlaß für Gespräche der Schüler untereinander.

Es gab viel zu tun: Die Zwiebelschalen mußten in kleine Stücke zerrissen und in Wasser gekocht werden. Nach dem Kochen wurde das Wasser durch ein Sieb abgegossen und gleichmäßig auf zwei Töpfe verteilt. Um neben dem braunen Farbton auch einen gelben zu erzielen, mußte Alaun mit Wasser verrührt und einem der Töpfe zugegeben werden. Wolle war abzuwiegen, zu wässern und dann in den Töpfen leicht zu kochen. Zuletzt mußte die Wolle in klarem Wasser gewaschen und anschließend zum Trocknen aufgehangen werden.

Während der Umsetzung der Arbeitsschritte in konkrete Handlung, ergaben sich interessante Verbindungen zu naturwissenschaftlichen Bereichen:

Physik
Ich hatte nicht darauf geachtet, daß das Sieb, durch welches das heiße Wasser mit den Zwiebelschalen geschüttet wurde, aus Metall bestand. Es leitete daher sehr stark die Wärme des heißen Wassers, so daß der Schüler, der das Sieb hielt, sich schnell bemerkbar machte und ein Tuch als Schutz für die Hände bekam. Diese Begebenheit könnte man sehr gut noch einmal aufgreifen und daran die Leitfähigkeit von Stoffen untersuchen.

Mathematik, Physik, Technik
Laut Anleitung benötigten wir 40 g Alaun. Die Schüler überlegten, was zu tun sei. Ihr Vorschlag war, die 40 g Alaun mit einem Litermaß abzumessen, so wie sie es von ihren häuslichen Erfahrungen her kannten. Ich wies darauf hin, daß dies nur mit den Sachen gemacht werden kann, die auf dem Litermaß eingetragen sind. Auf den Einsatz der Tafelwaage, die schon seit einigen Tagen in der Klasse stand und mit der die Schüler schon in freien Phasen umgegangen waren, kamen sie nicht von allein. Wahrscheinlich war der Umgang noch recht spielerisch gewesen und hatte noch nicht bewußt werden lassen, daß die genormten Gewichte gezielt eingesetzt werden können, um Massen zu vergleichen. Gemeinsam erarbeiteten wir nun, wie man mit einer Tafelwaage etwas abwiegt. Ein Problem war die Wahl der Gewichte. Ein 40 g-Gewicht gab es nicht. Ein Schüler schlug zunächst vor, das 50 g-Gewicht stattdessen zu nehmen, bis eine Schülerin die Idee des Zerlegens hatte und die 40 g aus zwei 10 g-Gewichten und einem 20 g-Gewicht zusammensetzte. Um genau abzuwiegen, gaben einige Schüler wichtige Hinweise, z. B.: Beide Zungen der Wiegeflächen müssen auf gleicher Höhe sein, sich in der Mitte treffen („Bis Mitte."). Steigt die

Zunge der Wiegefläche mit dem Alaun höher als die andere, dann muß etwas Alaun hinzugegeben werden, sinkt sie tiefer, dann „müssen wir was nehmen, bißchen." Hier wäre es sicherlich auch sehr reizvoll, das Thema „Waagen" zu einem späteren Zeitpunkt aufzugreifen und zu vertiefen, indem man beispielsweise die Arbeitsweise verschiedener Waagen untersucht und selbst eigene Modelle konstruiert.

Weitere Probleme, die sich während des Färbevorganges ergaben, lösten die Schüler auf kreative Weise. Es war z. B. notwendig, daß in jedem Topf die gleiche Menge Zwiebelwasser war. Saban schlug vor, daß wir „Litermaß einmal nehmen und darein (Topf 1 gießen) und Litermaß wieder einmal nehmen und darein (Topf 2 gießen)." Während zwei Schüler so verfuhren, zählten die anderen die Anzahl der hineingegossenen Liter pro Topf. Ein zweites Problem ergab sich dadurch, daß sich die Litermaße nicht vollständig füllten, da der Wasserspiegel mit der Zeit sank. Daraufhin schlug Nimet vor, ein Litermaß mit Hilfe des zweiten Litermaßes zu füllen. Die Schwierigkeiten waren also durchaus angemessen und von den Schülern aufgrund von Kreativität und Vorerfahrungen lösbar. Schließlich waren wir mit allen Arbeiten fertig und die Schüler begutachteten voller Stolz ihre mit Zwiebelschalen gelb und braun gefärbte Wolle.

Nachdem die Wolle gefärbt worden war, stellten das Bauen des Webrahmens und das Weben des Baumes entsprechend unserem Arbeitsplan die letzten großen Arbeitsschritte zur Herstellung des Webbildes dar. Zur Erstellung des Webrahmens, der aus vier zu einem Viereck zusammengebundenen Ästen bestehen sollte, hatten wir einige Mütter eingeladen, die uns helfend unterstützen sollten. Dies erwies sich als sehr zweckmäßig, da das feste Zusammenknoten der Äste und das gleichmäßige Bespannen des Webrahmens für manche Schüler nicht ganz einfach war. Doch mit Hilfe der Mütter und des Partners gelang auch dies. Dann begann das Weben des Herbstbaumes. Gesponnene braune Wolle war für den Stamm vorgesehen, ungesponnene gelbe für die Krone. Eine Schülerin, die das Weben beherrschte, führte es ihren Mitschülern mit entsprechenden Erläuterungen vor, anschließend versuchten es die Schüler selbst. Da viele Kinder das erste Mal webten, passierte es einigen, daß sie vergaßen, die Reihenfolge der anzuhebenden Kettfäden zu ändern. Diesen Fehler bemerkten sie aber rasch selbst, da sich beim Durchziehen des Fadens auch der vorherige wieder löste. Eine Schwierigkeit ergab sich durch die Rahmen: Da sie sich etwas verzogen hatten, waren die Kettfäden nicht mehr so straff gespannt, wie sie es eigentlich sein sollten. Dies erschwerte es, die jeweiligen geraden oder ungeraden Kettfäden herauszufinden. Trotzdem machten die Schüler ihre Sache recht ordentlich, da Schüler, die mehr manuelles Geschick hat-

ten, anderen halfen. Nach der Fertigstellung des Webbildes war die Freude groß. Wir hatten es geschafft, aus Rohwolle ein fertiges Webbild herzustellen!

Nun hieß es, die gemeinsam beschlossene Dokumentation über den Werdegang zu erstellen. Eine große Hilfe waren dabei Fotos, die während des gesamten Herstellungsprozesses gemacht worden waren. Die Schüler ordneten sie nach Themengebieten und suchten sich ein oder mehrere Fotos aus, um dazu einen kleinen Text zu verfassen. Zur Vorbereitung sprachen wir im Sitzkreis über jedes ausgewählte Foto, wobei alle wichtigen Arbeitsschritte noch einmal angesprochen, neu eingeführte Begriffe und erarbeitete Inhalte wiederholt wurden. Als inhaltliche und später auch orthographische Hilfe standen den Schülern dabei Stichwörter, die wir im Verlauf des Projektes auf einem Plakat notiert hatten, zur Verfügung. Nachdem die Schüler ihre Texte entworfen hatten, wurden diese auf ihre grammatische und orthographische Richtigkeit überprüft, von den Schülern ins reine geschrieben und schließlich mit dem Foto dem entsprechenden Arbeitsschritt auf einer Plakatwand zugeordnet. Songül meinte, daß ihre Mutter die Fotos auch gerne sehen würde, andere Kinder äußerten sich in gleicher Weise, so daß wir uns vornahmen, alle Mütter zum gemütlichen Beisammensein einzuladen und ihnen dabei unser Projekt in seinem

Verlauf und mit seinen Ergebnissen vorzustellen. Zum vereinbarten Termin erschienen viele interessierte Mütter. Fotos wurden betrachtet, die Schüler erklärten die einzelnen Arbeitsschritte, führten das Zupfen, Kämmen, Spinnen und Weben vor. Die Vorführung des Spinnens veranlaßte auch einige Mütter zum Spinnen mit der Fallspindel und setzte fachmännische Gespräche zwischen Müttern und Schülern in Gang. Anschließend konnte jeder, der Lust hatte, bei Saft und Keksen aus der noch übriggebliebenen Wolle eine kleine Handarbeit herstellen (Bilder aus Wolle kleben, kleine Deckchen weben).

In einer abschließenden Nachbesinnung äußerten sich die Schüler zum Verlauf des Projektes sehr positiv. Besonders gut hatten ihnen die vielen Aktivitäten gefallen: das Kämmen der Wolle mit der Kardenmaschine, das Spinnen im allgemeinen und im besonderen mit der Fallspindel, das Waschen der Wolle und sogar das Zerreißen der Zwiebelschalen. Als weniger ansprechende Tätigkeit wurde von einem Schüler das Zupfen der Wolle wegen des Geruchs und Schmutzes genannt.

Um bei den Schülern nicht den Eindruck entstehen zu lassen, daß Wolle heutzutage in der Regel auf handwerklichem Wege be- und verarbeitet wird, sprachen wir auch den maschinellen Weg an und stellten fest, daß in Gebieten ohne Fabriken (z. B. ländliche Gebiete in der Türkei) oder aus Interesse und Spaß (z. B. unsere Fachfrau) Menschen auch heute noch Wolle auf handwerkliche Weise be- und verarbeiten. Danach ordnete und heftete jeder Schüler sein „Buch über Schafe und Wolle", das projektbegleitend aus verschiedenen Arbeitsblättern entstanden war, die zusammengenommen über den Verlauf unseres Projektes informierten, so daß jeder Schüler eine kleine eigene Dokumentation zur Erinnerung besaß. Ein Jahr später, als wir rückblickend unsere bisherigen gemeinsamen Aktivitäten Revue passieren ließen, meinte Mehmet: „Das mit der Wolle – das war am schönsten!"

Mit der Durchführung dieses Unterrichtsvorhabens war beabsichtigt, dies möglichst in Projektform zu tun. Inwieweit dies realisiert werden konnte, soll im folgenden an Hand der zehn Merkmale untersucht werden, die nach Gudjons (Gudjons 1986) den Projektunterricht kennzeichnen.

Es kann sicherlich davon ausgegangen werden, daß das Thema einen Bezug zur *Lebenswirklichkeit* der Schüler hatte, da die Schüler viele Vorerfahrungen besaßen, die sie in den Unterricht einbringen konnten. Dabei kam es teilweise zu ganz neuen Aspekten, wie das Spinnen eines Fadens mit Hand und Fuß, die den Unterricht bereicherten. Auch entsprach das Thema den *Interessen* der Schüler, da sie selbst den Wunsch äußerten, den

Weg der Wolle ausgehend von der ungesäuberten Rohwolle bis zum gebrauchsfertigen Produkt verfolgen zu wollen. Die Einigung auf ein zunächst für alle Schüler gleiches Produkt – das Webbild – ermöglichte eine *zielgerichtete Planung*. Diese wurde von den Schülern vorgenommen. Das Projekt lief sehr gut, da die Schüler zwischen Ausgangs- und Endprodukt vergleichen und daraus Arbeitsschritte entwickeln und ordnen konnten. Eine differenziertere Planung zur Art und Weise der Durchführung eines jeden Arbeitsschrittes gemäß dem Merkmal *Selbstorganisation, Selbstverantwortung* halte ich für schwierig, da das Unterrichtsvorhaben sehr umfangreich war und die Fülle der von den Schülern zu erwerbenden Vorabinformationen beachtlich gewesen wäre. Die Schüler hatten zwar Vorkenntnisse zu einzelnen Bereichen, doch waren diese lückenhaft. Sie hätten durch Fachliteratur und Elternbefragungen ergänzt werden müssen. Fachliteratur bringt jedoch für die Schüler dieses Alters und mit begrenzten Sprachkenntnissen zu große Verständnisprobleme mit sich, und Elternbefragungen könnten evtl. nicht alle Arbeitsschritte in ihren Einzelheiten abdecken. Trotzdem sollte man die Kenntnisse und Fertigkeiten der Eltern – hier besonders der Mütter – soweit wie möglich in den Unterricht miteinbeziehen, was in diesem Projekt noch intensiver hätte geschehen können.

Hinsichtlich der *gesellschaftlichen Praxisrelevanz* kann sicherlich nicht behauptet werden, daß die Schüler durch ihr Tun in das gesellschaftliche Leben eingegriffen hätten, allerdings haben sie wohl Wirklichkeit durch ihre *Produkte* geschaffen. Die Produkte haben einen Gebrauchswert, indem sie zur Verschönerung eines Raumes benutzt werden können, aber auch einen Mitteilungswert, indem man bis zu einem gewissen Grad ihren Herstellungsprozeß erkennen und nachvollziehen kann. Die Dokumentation über den Herstellungsprozeß für interessierte Lehrer und Schüler sowie die Vorführung des Herstellungsprozesses in geraffter Form vor den Müttern sorgten dafür, daß die Ergebnisse öffentlich wurden.

Der Herstellungsprozeß setzte sich aus sehr vielen manuellen und reflektierenden Arbeitsschritten zusammen, so daß ein *sinnhaftes Lernen,* ein Lernen mit Kopf, Herz und Hand gegeben war. Viele dieser Arbeitsschritte wurden in Gruppen- oder Partnerarbeit durchgeführt, wodurch vielfältige soziale Kontakte zustande kamen, die die *Sozialkompetenz* der Schüler förderten. Auch wurde die Forderung nach *Interdisziplinarität* erfüllt, indem Fächer wie Technik (Spindel, Spinnrad, Webrahmenbau), Geschichte (geschichtliche Entwicklung der Spinntechnik, der Wollbe- und -verarbeitung), Physik (Waage), Mathematik (Gewichte, Zeit, Hohlmaße), Kunst (Webbild, Klebearbeiten) und natürlich Sprache miteinbezogen wurden.

Letztendlich zeigten sich auch die *Grenzen* handlungsorientierten Unterrichts. Besonders am Beispiel der Einführung des Wiegens wurde deutlich, daß sich Lehrgang und handlungsorientierter Unterricht ergänzen müssen. Es wäre sicherlich auch sinnvoll, die angesprochene technische Entwicklung in einen größeren geschichtlichen Zusammenhang einzubetten. Schwierig ist es, den Lernzuwachs jedes einzelnen Schülers festzustellen, aber ich denke doch, daß sich den Schülern durch die vielfältigen sinnlichen Aneignungsmöglichkeiten in einem zeitlich ausgiebigen Rahmen und durch die Reflexionen viele Erfahrungen, Kenntnisse und Eindrücke dauerhaft eingeprägt haben.

Literaturhinweis
Gudjons, Herbert: Handlungsorientiert Lehren und Lernen. Projektunterricht und Schüleraktivität, Bad Heilbrunn/Obb. 1986

Unser Igelbuch

Er hat eigentlich keine Feinde, Groß und Klein mögen ihn, die Bundeswehr und die Friedensbewegung sehen ihn als Symbol an, dabei ist er alles andere als kuschelig und kommunikativ: der Igel. Er ist nicht einmal in Zoos oder im Zirkus zu sehen, und da er nur einzeln und dann meist nur nachts auftritt kennen die meisten (Stadt-)Menschen ihn nur von Filmen, Bildern, Comics. Dennoch ist er ein Sympathieträger. Vielleicht hängt es mit unserem unterbewußten Schuldgefühl zusammen, ohne es zu wollen der einzige Feind des Igels zu sein, der durch Kraftfahrzeuge und Landschaftsveränderungen dem Igel zum Status einer gefährdeten Gattung verhalf.

Wie es auch sei, von einem solchen Exemplar berichtete Petra in unserem dritten Schuljahr. Er war nachts in den Kelleraufgang gefallen und konnte sich nicht mehr allein befreien. Petras Eltern wohnten in einem Haus mit kleinen Garten, das an eine Schrebergartenanlage in einem Vorort der Großstadt Oberhausen angrenzte. Die Eltern wollten den Igel zunächst sofort wieder laufen lassen, hatten ihn aber erst einmal in eine Obsthürde gesetzt und Petra erlaubt, daß wir ihn mit der Klasse besuchen konnten. Die Kinder nahmen das Angebot natürlich gerne an, und ich auch, denn einen Igel hatte ich noch nie mit der Klasse besucht.

Wir gingen also zu Petras Wohnung, um den Igel anzuschauen. Die Kiste stand in der Garage, und kaum hatten die Kinder sie gesehen, da begannen die begeisterten Ausrufe:

„Ach ist der süß!"
„Wie schön!"
„Oh ist der niedlich!"
Dann setzten Fragen ein:
„Wie alt ist der?"
„Hört der auf dich?"
„Was frißt er?"
„Füttert ihr ihn?"
„Bleibt er hier?"
„Ist das ein Männchen?"
„Hat der eine Höhle in eurem Garten?"
„Wie heißt er?"
„Sind Igel immer so klein?"

Petras Eltern stammten aus Jugoslawien, und die Mutter hatte keine großen Deutschkenntnisse und konnte den Kindern kaum ausführliche Antworten geben.

Wir hoben den Igel aus der Kiste und setzten ihn in der Hoffnung auf den Boden, daß er sich entrollte und dann besser zu beobachten wäre. Doch diesen Gefallen tat er uns noch nicht. Die Kinder konnten jedoch mal über das Stachelkleid fassen. Sie merkten dabei, daß die Stachel in verschiedene Richtungen zeigten, und einem Jungen fiel auf: „Die Stacheln fühlen sich an wie unsere Fingernägel." In der Handmulde entspannte der Igel sich dann etwas und wir konnten die Füßchen und das Schnäuzchen erkennen.

Da wir den Igel nochmal besuchen wollten, baten wir Petras Mutter, ihn noch einen Tag zu behalten.

In der Schule setzten wir uns zusammen und beschlossen, daß wir uns näher mit den Lebensgewohnheiten, dem Aussehen und der Ernährung des Igels beschäftigen wollten. Denn die Kinder bestanden darauf, die vielen offenen Fragen, die wir auf eine Tapetenbahn geschrieben hatten, beantwortet zu bekommen. Als eine Möglichkeit schlugen die Kinder vor, zu Hause nachzufragen und Bücher zu besorgen, um selber nachlesen und sich informieren zu können.

Der Besuch beim Igel muß die Kinder wohl sehr beeindruckt haben. Jedenfalls motivierte er sie, eine Fülle verschiedenen Materials über Igel mitzubringen. Das begann bei Postkarten und Postern mit Igelmotiven und Illustriertenbildern und Zeitungsartikeln, setzte sich fort über Kinderzeitschriften, ein Faltblatt vom Tierschutzbund, über Brehms Tierleben, Biologiebücher, Naturerzählungen und Kinder(sach)bücher und ging bis zu einer Videokassette mit einer älteren Fernsehsendung über den Igel. Mit Erstaunen stellten wir fest, welch eine breite Igelliteratur für Kinder es gibt. Auch in der Schülerbücherei suchten wir nach weiteren Büchern, die wir auf unserem Ausstellungstisch auslegten. Bereits an diesem ersten Tag konnten wir acht verschiedene Kinderbücher über Igel in der Klasse ausstellen, – drei mit überwiegend sachlichem Hintergrund, die anderen mit erzählendem Schwerpunkt. Dazu hatten die Kinder noch Mecki-Bücher aus der Jugendzeit der Eltern mitgebracht. Ein Kind sagte dann auch gleich: „Mein Vater will das Buch aber wiederhaben." Außerdem hatten einige Kinder weitere Igel-Utensilien mitgebracht: Igel-Kuscheltiere, ein Igel-Puzzle und mehrere aus Ton gebrannte Igel.

Wir setzten uns also zusammen. Die Kinder zeigten ihr Material und teilten erste Fakten mit, die sie von den Eltern oder schon aus der Beschäftigung mit dem Material erfahren hatten. Dies bezog sich weitgehend auf seine Ernährung, sein Aussehen und sein Winterschlafverhalten. Angesichts der Materialfülle und der unterschiedlichen Fragestellungen und Interessenschwerpunkte war es unmöglich, an diesem Morgen alles vorzustellen und auszuwerten. Doch viele Kinder waren an weiterer gegenseitiger Information und selbständiger Auseinandersetzung mit dem Material interessiert. Sie machten den Vorschlag, daß wir es so machen sollten wie damals bei den Eulen. „Damals", das war ein halbes Jahr vorher, als Waldohreulen am Schulhofrand nisteten, die auf dem angrenzenden Friedhof wohl reiche Nahrung an Mäusen fanden. Zu dieser Zeit hatten wir eine Woche lang jeden Tag eine Stunde angesetzt, in der wir uns mit den Vögeln beschäftigten. Aus den Ergebnissen ist dann ein kleines Buch entstanden.

Der neue Vorschlag wurde von den Kindern zustimmend aufgenommen: „Au ja, wir machen ein Igelbuch!" Wir vereinbarten, daß die letzte Schulstunde der nächsten acht Tage jeweils von den Schülern selbst für das Igelthema genutzt werden konnte. Dabei konnten die Kinder wählen, ob und mit welchen und mit wie vielen Kindern sie zusammenarbeiten wollten. Es sollte im Din A4-Format ein Ergebnis entstehen, das sich für ein Igelbuch eignete und die aufgeworfenen Fragen beantwortete. Dazu konnten die Kinder sich in der Gruppe die Art der Darstellung selbst auswählen. Aber nicht nur dieses weitere Arbeitsverfahren wurde in dieser Gesprächsrunde angesprochen, denn es tauchte ein erhebliches Problem auf. Es ging um das weitere Schicksal des Igels: sollte er frei gelassen oder aufgezogen werden. In einem Zeitungsbericht war von einer „Igelmutter" die Rede, die mehrere Igel über den Winter brachte. Ein anderer Bericht vertrat die Meinung, daß man Igel nicht im Haus überwintern lassen sollte. Ein Kind hatte von den Bekannten der Eltern gehört, daß dies auch „eine große Sauerei" sei, weil der Igel für seine Geschäfte keinen festen Platz wählte, sondern die ganze Umgebung als „stilles Örtchen" ansieht. Eine solche Überwinterung wäre bei Petras Eltern wohl auch nicht möglich gewesen, denn die Mutter betonte, daß der nächste Besuch aber der letzte sei. Die Kinder schlugen deshalb vor, eine andere Pflegefamilie zu suchen:

„Wir können ihn doch nicht verhungern lassen!"
„Er verhungert doch nicht; er kann sich doch was suchen."
„Und wenn er nichts mehr findet?"
„Dann kann er ja mit dem Winterschlaf anfangen."
„Aber hat der denn genug Fett für den Winterschlaf?"

Das eben konnten wir aus dem Stand nicht beantworten. Ein Kind erinnerte daran, daß wir damals bei den Eulen auch im Kaisergarten nachgefragt hatten. Der Kaisergarten ist ein großer Park mit einem Tiergehege, und ein Mitarbeiter hatte uns bei einem Besuch Informationen zu den Waldohreulen gegeben. Das war aber abzusehen gewesen, denn der Kaisergarten hat selbst ein größeres Greifvogelgehege. In der jetzigen Situation bezweifelte ich, ob ein Besuch erfolgreich sein würde und schlug deshalb vor, daß sich eine Gruppe bilden sollte, die am Nachmittag mit einer Mutter den Kaisergarten aufsuchen könnte. Diese Gruppe fand sich auch schnell, und Daniela sagte sofort: „Meine Mutter macht das." Was zu erwarten war, denn sie hatte schon öfter und gerne in solcher Weise geholfen, und sie tat es auch diesmal.

Nun stellten wir noch die Fragen zusammen, auf die wir eine Antwort brauchten. Wir schrieben sie an die Tafel, die Befragungsgruppe schrieb sie ab und nahm sie mit:

- Soll man einen Igel im Haus überwintern lassen?
- In welchem Monat beginnen die Igel mit dem Winterschlaf?
- Wie schwer muß ein Igel vor dem Winterschlaf sein?
- Sollen wir dem Igel ein Lager bauen für den Winterschlaf?
- Wie können wir den Igel ernähren?

Die Kinder wurden gebeten, einen Kassettenrekorder mitzunehmen, um die Aussagen zu dokumentieren, so daß sie bei Bedarf für die anderen wiederholt werden konnten.

Die Kinder hatten Glück. Weil man im Kaisergarten schon mehrere dieser Anfragen gehabt hatte, war man darauf vorbereitet. Die Zentralaussage für die Kinder war die Antwort zum Gewicht des Igels. Sie wußten nun, daß ein Igel für das Überwintern über 500 Gramm schwer sein sollte. Sie stellten Vermutungen und Spekulationen an, die von einem Extrem zum anderen reichten, wie „Niemals!" oder „Der war bestimmt doppelt so schwer!"

Jedenfalls war klar: nur Nachwiegen brachte Gewißheit. „Wir gehen doch gleich sowieso zu Petra, da können wir den Igel doch wiegen." „Ihr habt doch eine Waage?" Petra dachte bestimmt an möglichen Ärger mit der Mutter und zögerte: „Ich weiß nicht." „Darf ich bei uns eine holen?", kam gleich ein hilfreiches Angebot. Ich erinnerte daran, daß im Lehrmittelraum einige Waagen standen und wir gingen hinauf und schauten sie uns an. Die Briefwaage ging nur bis 500 g und hatte eine viel zu kleine Fläche; die Balkenwaage hatte zu kleine Schalen und die Personenwaage war zu ungenau. Gerade richtig war die Tafelwaage. Ein Junge nahm die Waage unter den Arm, ein anderer trug die Gewichtssteine und wir zogen los.

Bei Petra angekommen, wurde sofort gewogen. Der Igel blieb als Kugel ruhig auf der Tafel liegen und in feierlichem Ritual wurde er bis aufs letzte Gramm ausgewogen. Der Igel lag entgegen meiner Hoffnung unter dem Limit, zwar nur um 150 Gramm, aber ich wußte, was das nun bedeutete.

Die Kinder sahen das natürlich ganz anders. Fast triumphierend stellten sie fest: „Den müssen wir jetzt füttern." Mit der Waage und der Igelkiste gingen wir zur Schule zurück. Wir setzten uns um die Kiste und die Befragungsgruppe trug uns ihre weiteren Ergebnisse vor. Dabei stellte sich heraus, daß viele Igel erst einen Monat später ihren Winterschlaf antreten, d. h. daß es also noch Zeit war, dem Igel die fehlenden 150 bis 200 Gramm anzufüttern. Wie lange so etwas dauert, wußten wir aber nicht. In der Nähe der Schrebergärten wollten wir ihn dann wieder frei lassen, damit er sich selbst einen Platz zum Überwintern suchen konnte. Ein Überwintern im Haus wird nämlich von allen Fachleuten abgelehnt.

Was frißt so ein Igel? Die Kinder, die sich mit diesem Problem ausein-
andergesetzt hatten, konnten hier ihr Wissen einbringen und den aus den
Sachbüchern bekannten natürlichen Speiseplan aufzählen. Was aber kann
man ihm in Gefangenschaft füttern, um ihm möglichst schnell zu einer
ausreichenden Fettschicht zu verhelfen? Im Kaisergarten jedenfalls hatte
man gesagt, daß der erste Vorschlag – nämlich Milch – völlig verkehrt sei.
Igel schlecken sie zwar, aber wegen ihrer Zusammensetzung bekommt sie
ihnen nicht. Die Kinder hörten sich die Stelle des Kassettenbandes noch
mal an und erfuhren, daß man zwar Regenwürmer und Schnecken selbst
suchen kann, wenn man aber rasch viel füttern will, eine Ernährung mit
Eiern und Gehacktem, möglichst Tatar, oder aber Katzenfutter aus der
Dose die einfachsten Möglichkeiten seien.

Nun galt es noch zu klären, wo der Igel bleiben sollte. Aus mehreren
Gründen, vor allem auch, weil jetzt schnell entschieden werden mußte,
schlug ich den Verbleib in einem Kellerraum der Schule vor. Zwei Kinder
gingen noch Eier einkaufen, und zwei andere kauften 50 Gramm Tatar.
Andere Kinder säuberten die Kiste, und legten sie mit Laub aus. Dann
brachten wir die Kiste unter dem skeptischen Blick des Hausmeisters in

den Keller. Auf zwei Blumenuntersetzer stellten wir das Tatar und ein aufgeschlagenes Ei hin. Ich brach eine Seite der Kiste so auf, daß der Igel herauskonnte. Dann warteten wir noch leise eine Weile und hätten gerne beobachtet, wie er fraß, aber diesen Gefallen tat er uns noch nicht. Ein Ordnungsplan für die Versorgung und die Reinhaltung des Käfigs wurde aufgestellt.

Nach diesen zwei turbulenten Tagen, in denen sich fast alles um den Igel drehte, normalisierte sich der Schulalltag wieder etwas. Am nächsten Morgen schauten wir nach dem Igel. Die Freude war groß, der Igel lag in seiner Kiste, aber beide Teller waren leer gefressen. In der letzten Stunde begannen die Kinder in Gruppen mit ihren ersten Gesprächen, Planungen, Zeichnungen und Texten für das Igelbuch. Zum Schulschluß bekam der Igel seine neue Portion Futter, diesmal Katzenfutter, und auch das mochte er offensichtlich gerne, denn er ließ keine Reste liegen.

Nach vierzehn Tagen hatten die Kinder Material für ein 44-seitiges Buch zusammen erarbeitet. Die Gruppen hatte ihre Ergebnisse geordnet, sich gegenseitig korrigiert und bei Schwierigkeiten um Hilfe gebeten. Die verabschiedeten Seiten wurden verkleinert kopiert, sodaß jedes Kind ein eigenes Din A5-Exemplar bekam; das Original wurde im Ringordner mit Prospekthüllen zusammengebunden und auch anderen Klassen zur Verfügung gestellt. Das Buch enthielt Erzählungen („Wie ich den Igel fand"), Sachberichte („Das frißt ein Igel"), Lexikontexte, einen Comic, Rätsel, Witze, ein Rezept von Birnenigeln, fiktionale Igelgeschichten, Buchempfehlungen, sowie Zeichnungen und Drucke. Ein Linoldruck mit einer Igelabbildung zierte auch das Titelblatt.

Im Kunstunterricht hatten wir auch Igel aus Ton geformt und konnten sie brennen lassen. An einer Wandtafel hatten zwei Kinder zu einem Namenswettbewerb für unseren Igel aufgerufen. Jeder, der einen Vorschlag hatte, schrieb ihn an die Tafel. Absprache war, daß alle Namen mit „I" beginnen sollten, und bald standen dort über 20 Namen, normale Männer- und Frauennamen, Fantasienamen und lustige Zusammensetzungen wie „Die intelligente Ilsebill" oder „Igel-Indianer-Ingo". Bezeichnenderweise fand nie eine Abstimmung statt, welcher Name der beste sei oder wie der Igel nun wirklich genannt werden sollte.

Zweimal in der Woche wurde unser Igel gewogen. Bereits nach vierzehn Tagen hatte der Igel sein angestrebtes Gewicht angefuttert, und eine Woche später hatte er soviel Sicherheitsreserven, daß es niemandem mehr leid tat, ihn nun doch wieder in seine natürliche Lebenswelt zu entlassen.

Gegen Ende dieser Zeit konnten wir ihn übrigens auch öfters beim Fressen beobachten. Der Igel mochte zwar ein Eigenbrötler sein, lernfähig war er auf jeden Fall. Wenn er das Klappern der beiden Teller hörte, kam er

was der Igel frißt

Dem Igel ist fast alles recht, was er bekommen kann: Würmer, Schnecken, Insekten, Reptilien, Frösche, junge Mäuse Vogeleier, junge Vögel, Beeren und andere Pflanzennahrung, nimmt er nur selten. Ziemlich berühmt ist der Igel als Vertilger der giftigen Kreuzotter. Obwohl Giftschlangen in den meisten Gegenden nicht zu seiner regelmäßigen Nahrung gehören. Giftfest ist der Igel nicht, verträgt aber von vielen Giften ganz bedeutend höhere Dosen als der Mensch und andere Wirbeltiere. Im Kampf mit einer Schlange fängt er die Bisse mit seinem Stachelpanzer ab, so daß sie ihn nicht treffen.

Nahrung

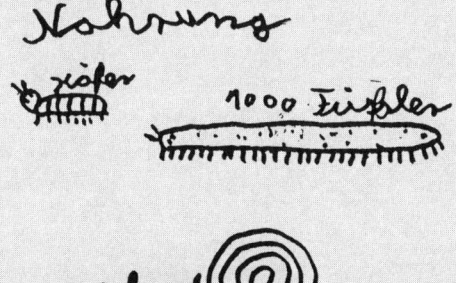

heran und machte sich zum Vergnügen der Kinder mit lautem Schmatzen über sein Fressen her. Dabei ließ er sich auch nicht stören, wenn wir in einem engen Kreis um ihn herum standen.

So ein Igelprojekt war am Schuljahrsbeginn natürlich nicht vorgesehen, konnte überhaupt nicht eingeplant werden. Dennoch kann der Igelfund als Glücksfall angesehen werden, weil viele sachunterrichtliche Ziele dabei erreicht wurden:

Wo der Igel lebt

Der Igel lebt einzeln in Gärten, an Hecken und Waldrändern, überall im gebuschten Gelände. Der Igel läuft dort am Tage und nachts umher und schnüffelt in alle Ritzen und Löchern, um Nahrung und Kleintiere zu suchen. Der Igel unterscheidet sich durch zwei Arten. Einmal durch den Braunbrustigel und den Westigel. Dann gibt es noch den Weißbrust- und den Ostigel. Der Braunbrust- und der Ostigel kommen aus dem östlichen Europa. Der Weißbrust- und der Westigel kommen aus West und Mitteleuropa.

- Die Schüler haben umfangreiches Wissen über biologische Fakten und ökologische Zusammenhänge erworben; vor allem haben sie dieses Wissen aktiv und selbständig erworben und dabei gelernt, wie man lernt.
- Die Kinder sind dafür sensibel geworden, daß wir uns alle für die Umwelt mitsorgen und Verantwortung mittragen müssen und können.

Vorkommen und Nahrung

Der Igel ist ein großer Insektenfresser. Er frißt gerne Schnecken, Schlangen, Regenwürmer. Er frißt auch gerne Kreuzotter. Beim Igel ist das Gift unwirksam. Daher ist das Igel ein nützliches Tier. Manchmal frißt er kleine kleine Mäuse und auch Vogeleier. Er frißt auch Heuschrecken, Gift-schlangen, Grillen, Mai- und Mistkäfer und auch Küchenschaben. Auch Larven frißt er und auch Frösche. Der Igel lebt in ganz Europa und Eurasien auch auf Mittelmeerinseln.

- Sie haben ihr neues Wissen in sachbezogenen Formen verarbeitet und kommunikativ dargestellt.
- Ihnen gelang ein bewußtes Überschreiten des sachlichen Zusammenhangs in ästhetischen und kreativen Gestaltungsformen.
- Sie haben ihr Lernen teils selbst organisiert, mit selbst gewählten Partnern zusammengearbeitet und in sachbezogenen Aufgabenstellungen Absprachen und Entscheidungen getroffen.
- Sie haben ein sichtbares Ergebnis – das Igelbuch – geschaffen, ein Produkt, das ihr Selbstwertgefühl zu Recht stärkte.

Spricht der Erfolg dieses unvorhergesehenen Projekts nun für einen Gelegenheitsunterricht, für ungeplanten Unterricht, für die Abschaffung von Arbeits- und Stoffverteilungsplänen? Ganz so ist es wohl nicht. Aber es spricht für die Offenheit von Plänen im Sachunterricht, für zeitliche und inhaltliche Flexibilität. Mit den sachunterrichtlichen Zielen im Hinterkopf sollte sich jede Lehrerin auf situative Anlässe und die Interessen ihrer Schüler einlassen können. Die Ergebnisse sind oft ergiebiger, motivierender und pädagogisch wertvoller als bei so manchen Planungen, die den landesweit verbindlichen Vorgaben entsprechen.

Die Zimmergärtnerei in der 2 a

Projekte mit der ganzen Klasse können einen Tag dauern, mehrere Tage oder sich noch länger hinziehen.

Ein Sonderfall eines projektorientierten Vorgehens soll im folgenden dargestellt werden. Das entdeckende und handlungsorientierte Arbeiten zog sich hier fast über acht Wochen hin, allerdings in unterschiedlicher Intensität. Es gab je eine Start- und Schlußwoche in der sehr ausgiebig und konzentriert an der Zielsetzung und Ausprägung des Projekts gearbeitet wurde. Die sechs Wochen dazwischen waren zwar wichtig für die Erreichung des Projektziels, dazu war jedoch in der Regel nur ein täglicher Aufwand von einigen Minuten nötig. Bei diesem Projekt ging es um die Einrichtung eines Blumenstandes auf dem jährlichen Schulfest. Neben der üblichen Gastronomie, dem Elterntheater, dem gemeinsamen Singen, sollte jede Klasse etwas Eigenes darbieten, das weitgehend nur von den Kindern gestaltet wurde. So hatte ein erstes Schuljahr eine Zirkusvorführung eingeübt, ein drittes Schuljahr hatte einen Klassenzoo eingerichtet. In dem Klassenraum waren 15 Käfige, Aquarien bzw. Terrarien aufgestellt mit verschiedensten Tieren, – vom Goldhamster über Zebrafinken, Schildkröten bis zur Gespensterheuschrecke. Für jedes Tier hatten die Kinder Informationstafeln geschrieben, und an jedem Käfig standen zwei „Expertenkinder" bereit, die Rede und Antwort stehen konnten.

Ein zweites Schuljahr hatte eben beschlossen, einen Blumenstand einzurichten. Die Kinder wollten „auch so etwas Schönes machen wie Frau Neumann". Frau Neumann ist die Schulsekretärin; sie hatte es im letzten Jahr ausgezeichnet verstanden, von Gärtnern und Blumenhändlern der Umgebung einige Topfblumen für das Schulfest geschenkt zu bekommen. Damit hatte sie einen schönen Stand aufgebaut, der wegen der regen Nachfrage allerdings schon nach einer Stunde restlos ausverkauft war. Dies war auch den Kindern noch in Erinnerung, denn sie sagten sofort: „Wir müssen aber mehr Blumen haben."

Im Gespräch wurde dann überlegt, was alles zu tun ist. Zunächst war allen klar und es schien ganz einfach: „Wir brauchen Blumen, und wir brauchen einen Stand." Der Stand wurde zunächst nicht als Problem gesehen, denn schließlich lag der Schulfesttermin noch in weiter Ferne. Wie aber kommt man an Blumen?

„Wir könnten die Frau Neumann fragen."
„Wir kaufen immer bei Marissen, die haben gute Blumen."
„Ja, das stimmt."

„Aber bei Niermann sind die Blumen billiger."

„Wir können doch sowieso keine Blumen kaufen. Wenn wir die dann wieder verkaufen wollen, wird das doch zu teuer."

„Wieso?" Großes Staunen in der Klasse. „Wenn wir beim Blumenhändler für einen Topf zwei Mark bezahlen und wir wollen daran etwas verdienen, dann müssen wir doch den Topf beim Schulfest für drei oder vier Mark verkaufen. Sonst haben wir ja nichts daran verdient. Aber dann sagen die Leute, boh sind die teuer, da kaufe ich ja besser beim Blumenhändler." „Dann müssen wir Blumen von zu Hause besorgen."

„Meine Oma bringt uns immer Ableger mit."

„Was für Ableger?"

„Ja, so kleine Pflanzen. Die schneidet sie von großen Pflanzen ab und steckt sie ins Wasser. Die kriegen dann Wurzeln und dann kann man sie einpflanzen."

„Das nennt man vermählen!"

„Nein, vermehren! Weil das mehr wird."

„Dann machen wir das auch so. Das ist doch billig, oder?"

„Unsere Nachbarin macht das auch. Meine Mutter sagt, die hat eine grüne Hand."

Dieser letzte Hinweis ließ die Kinder etwas abschweifen, weil der Begriff der grünen Hand ihre Phantasie in Richtung Mystik und Magie in Gang setzte. Dann jedoch kristallisierte sich die Arbeitsaufgabe heraus: „Wir erkundigen uns zu Hause, wie man Blumen vermehrt."

Am nächsten Tag wurde im Gesprächskreis deutlich, daß fast alle Kinder ihren Arbeitsauftrag ernst genommen hatten und deshalb die Ergebnisse ihrer Erkundung nur so hervorsprudelten. Bei dem Gespräch stellte sich übrigens auch heraus, daß fast ein Viertel der Familien zu Hause keine Topfblumen hält. Ein Mädchen hatte auch ein Kindersachbuch mitgebracht mit Anleitungen zum Pflegen und Vermehren von Pflanzen. Sie zeigte es herum und zitierte daraus so gut es ging. Eine Schülerin hatte auch gleich zwei Ableger von einer Grünlilie mitgebracht. Ein Junge bot an, daß die „Nachbarin mit der grünen Hand" mal zur Schule kommen würde, und ein anderer hatte von seinem älteren Bruder den Tip bekommen, die Gärtnerei zu besichtigen, weil er sie auch vor einigen Jahren mal mit seiner Klasse besucht hatte.

Diese beiden Informationsveranstaltungen, der Besuch in der Klasse und die Besichtigung der Gärtnerei, wurden als vordringlich angesehen. Die Organisation lag bei den Kindern: Der Junge sprach mit der Nachbarin, und drei Kinder fragten bei der Gärtnerei um einen Termin nach. In beiden Fällen wurden diese Kontakte durch ein Telefongespräch mit der Schule flankiert. Im ersten Fall fragte die Nachbarin beim Klassenlehrer

nach, ob es wirklich stimme, daß sie erwünscht sei, und im zweiten Fall informierte der Klassenlehrer den Gärtner vorab über das Kommen der Kinder und worauf es bei einer möglichen Besichtigung ankäme.

Der Besuch in der Klasse war ein außerordentlicher Erfolg. Liebevoll erzählte die Nachbarin von ihrem Hobby, dem Umgang mit Blumen. Sie hatte auch einige „Musterpflanzen" mitgebracht und überließ den Kindern etliche Ableger, Stecklinge, Ballen und auch Töpfe. Auch der Besuch der Gärtnerei geriet zu einem besonderen Erlebnis.

Das lag zum Teil auch an der Fähigkeit des Gärtners, sich auf die Kinder einstellen zu können. Er redete weder über die Köpfe der Kinder hinweg, noch hielt er in falscher Kindertümelei Informationen zurück. Er freute sich offensichtlich über die gut vorbereiteten Kinder und ihren Wissensdurst und fand ihr Vorhaben insgesamt so sympathisch, daß er jedem Kind einen Blumentopf mitgab, zwei Beutel Blumenerde und eine Palette mit Pflanzen, die sich zur Vermehrung eigneten.

In den nächsten Tagen und Wochen kamen immer mehr Töpfe, Pflanzen und Blumenerde zusammen. Da wurden Ableger, Blattstecklinge, Kopfstecklinge gezogen, Ballen wurden geteilt. Besonders groß war der Jubel, als eines Morgens eine Nachbarin anklopfte, die von der Aktion gehört hatte. Sie trug ein Brutblattgewächs unter dem Arm und erklärte den verdutzten Kindern: „Den könnt ihr abernten!" Zunächst konnten die

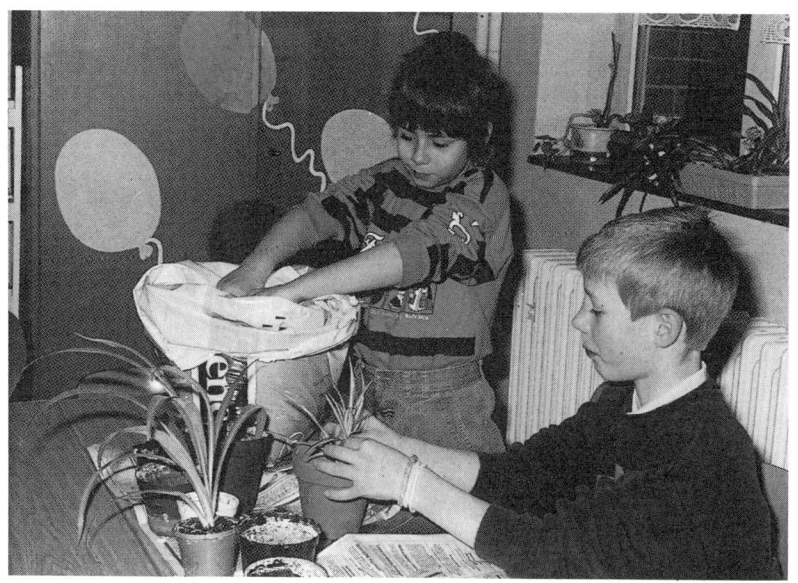

Kinder damit recht wenig anfangen, aber als sie sich die Pflanzen aus der Nähe anschauten, sahen sie, daß an den Blatträndern entlang Hunderte von jungen Pflanzen wuchsen, die schon kleine Wurzeln hatten. Die Kinder ernteten nur soviele, wie sie noch Töpfe hatten, aber die meisten wollten noch „Pflanzenkinder" mit nach Hause nehmen.

Sechs Wochen vor dem Schulfest waren alle Töpfe besetzt und es begann die Phase der Aufzucht und Pflege, denn zum Schulfest sollten ja keine kleinen Ableger verkauft werden, sondern Töpfe, die nach etwas aussahen. In diesen sechs Wochen wurden noch drei Plakate und auch Hinweispfeile gemalt; für die Tische besorgten die Kinder Kreppapier, und nachdem man sich geeinigt hatte, wurden Preisschilder geschrieben.

Am Schulfesttag haben Väter dann geholfen, den Stand aufzubauen; verkauft wurde von den Kindern allein. Es saß zwar immer ein Erwachsener dabei, aber es ergab sich keine Situation, bei der er gebraucht wurde.

Den Abschluß des Vorhabens bildete ein rückblickendes Gespräch. Die Kinder drückten den Stolz auf ihre Leistung aus, sie hatten auch das Gefühl, daß sie dies alles nur geschafft haben, weil jeder aus der Klasse mitgeholfen hat, und sie freuten sich über 140 Mark für die Klassenkasse. Die meisten Kinder haben das schulische Wissen in die Familien getragen, – schließlich gab es keine Familie mehr ohne Topfblumen auf der Fensterbank. Es versteht sich, daß auch die Schulfensterbank grüner wurde.

Aus Photos, die der Klassenlehrer in den verschiedensten Phasen gemacht hatte, sowie aus Photos vom Verkauf am Schulfesttag und aus kleinen Berichten, Pflegeanleitungen, Tips der Schüler entstand dann eine drei Meter lange Wandzeitung, welche die Eltern beim nächsten Pflegschaftsabend bewunderten und von der sie Photos für das Privatalbum bestellen konnten.

Ein Langzeitprojekt, um eine Vorgabe der Schulkonferenz zu erfüllen, um 140 DM für die Klassenkasse zu verdienen, – war's das?

Nun, das wäre wohl wirklich nicht die Mühe und Zeit wert gewesen. Durch dieses Projekt wurden jedoch sehr viele kurzfristige und langfristige, sachliche und erziehliche Ziele angestrebt und erreicht:

– Mit der Themenwahl wurde ein zentraler Bereich der kindlichen *Lebenswirklichkeit* und damit auch des Lehrplans Sachunterricht angesprochen. Pflanzen haben für die meisten Kinder zwar nicht den hohen emotionalen Stellenwert wie Tiere, aber sie verbreiten Freude, wecken Interesse und Neugier. Durch den ästhetischen Aspekt, der mit der Zimmergärtnerei verbunden ist, wurden auch Bereiche des Zusammenlebens und der Wohnkultur in Schule und Familie angesprochen. Langfristig wurde sicherlich eine gesteigerte Sensibilität gegenüber ökologischen Fragestellungen angebahnt.

- Innerhalb des Projektverlaufs gab es viele Möglichkeiten, zu *Sachlichkeit* und *Mitmenschlichkeit* zu erziehen. Einen Erfolg im Umgang mit den Pflanzen erlebten die Kinder nur, wenn sie den Anspruch der Sache respektierten, nämlich den Anspruch der Pflanzen an artgemäße Vermehrung und artgerechte Pflege und Versorgung.
  Angemessenes mitmenschliches Verhalten war gefragt bei der Zusammenarbeit mit anderen, beim Aufstellen und Einhalten von Regelungen und Pflegeplänen, beim Einholen von Informationen und beim Beschaffen der Materialien.

- Die Kinder erwarben grundlegende *Kenntnisse* und erprobten elementare *Verfahren*. So lernten sie, mehr als zehn verschiedene Topfpflanzen auseinanderzuhalten. Sie wandten vier verschiedene Vermehrungsarten an und pflegten die Pflanzen sachgerecht.

- Im Sinne der *Wissenschaftsorientierung* sind die Schüler kompetenter geworden, denn ihre Vorstellungen und Modelle über Sachverhalte wurden korrigiert bzw. erweitert. Sie lernten, daß es bei jeder Pflanze ganz spezifischer Vermehrungsverfahren bedarf. Sie wissen nun, daß man sich vor dem Handeln informieren muß und daß man sich durch Lesen oder Befragen von Fachleuten kundig machen kann.

- Im Rahmen des Blumenstand-Projektes konnten die Schüler fast das gesamte Spektrum der verschiedensten *Handlungsformen* anwenden, von den entdeckenden Formen (Beobachten, Auswerten von Informationsquellen), über dialogische Formen (Umgang mit Menschen und Pflanzen), gestaltende Formen (Einpflanzen, Werbung, Dekoration), verstehende Formen (Erklären, Benennen, Übertragen) bis zu festigenden Formen (Notieren, Kennzeichnen und Dokumentieren).

- Vor allem bot dieses Projekt – wie es dem Projekt eigentlich immanent ist – viele Möglichkeiten der *Differenzierung*. Jedes Kind konnte von seinen eigenen Erfahrungen ausgehen, eigene Pflanzen und Utensilien besorgen und selbst Pflanzen versorgen.
  Außerdem waren die verschiedensten Fertigkeiten gefordert: schriftliche, sprachliche, organisatorische, handlungspraktische und ästhetische. Jedes Kind bekam deshalb Anreize in einem Bereich, in dem es vielleicht noch gefördert werden konnte und hatte außerdem genug verschiedene Handlungsfelder, um sich den bisherigen Interessen und Voraussetzungen entsprechend zu betätigen.

Angesichts der Fülle dieser Ziele waren der Arbeits- und Zeitaufwand sicherlich alle Mühe wert, – die Kinder sahen das ohnehin so und fragten: „Machen wir im nächsten Jahr wieder sowas Tolles?"

Trödeln macht auch Kindern Spaß

Oft favorisieren Lehrer und Lehrerinnen in der Schule das, was sie selbst mögen oder gut beherrschen. Da gibt es dann Klassen mit großem pflanzenkundlichen Wissen, fingerfertige Bastler, kreative Modellbauer oder verantwortungsbewußte Umweltschützer. Und wenn einer Flohmärkte mag, – nun auch dann besteht die Möglichkeit, diese Leidenschaft an die Kinder zu vermitteln und gleichzeitig vielfältige sachunterrichtliche Qualifikationen anzubahnen. Schließlich gehören Trödel- und Flohmärkte heute zum Alltag zumindest der Großstadtkinder. Kinder besuchen sie mit ihren Eltern, kommen auf dem Schulweg an Ständen vorbei und sehen in der Fußgängerzone vor allem auch Altersgenossen, die ihre Decken ausgebreitet haben und dort ausgelesene Bücher, ausgedientes Spielzeug und reizlos gewordene Spiele anbieten. Und ein Trödelstand gehört auch meistens zu den Attraktionen eines Schulfestes. Trödelmärkte gehören also zur Lebenswirklichkeit der meisten Kinder. Sie zu thematisieren und auch selbst zu erproben, ist daher sicher legitim.

Unsere Flohmarkt-Idee entstand nicht primär aus dem Wunsch heraus, die eigene Freizeitbeschäftigung auch in der Schule auszuleben, sondern entwickelte sich aus der Pinnwand-Kommunikation der Kinder. Ausgehend von kommunikativen Textproduktionen hatte unsere Pinnwand keine bloß rituelle oder Rechtfertigungs-Funktion bekommen, sondern war ein Ort für Nachrichten und Kommunikation geworden. Hier wurden Meinungen ausgehängt und ausgetauscht, Termine aus den Sportvereinen mitgeteilt, Tips gegeben und eben Gegenstände zum Tauschen und Verkaufen angeboten.

Für diese Tauschbörse standen dann die letzten zehn Minuten einer Freiarbeitsstunde und die darauf folgende Pause zur Verfügung. Nachdem sich in der Parallelklasse ähnliche Aktivitäten institutionalisiert hatten, lag der Wunsch auf der Hand, mit jener Klasse Kontakt aufzunehmen und dann möglichst eine gemeinsame Sammel- und Tauschzeit einzurichten. Dies ließ sich unterrichtsorganisatorisch regeln und verlief auch – trotz einiger Rennerei auf dem Flur – zur Zufriedenheit aller.

Nach und nach bekamen auch andere Klassen Kenntnis von dieser Tauschzeit, wollten auch so etwas einrichten oder sich beteiligen. Wir setzten uns mit unseren Klassen zusammen und sprachen über die Wünsche der anderen Klassen. Die ersten Äußerungen waren zunächst ablehnend. Die Kinder waren an sich mit der bisherigen Regelung zufrieden und wollten mit den anderen „Rabauken" oder den „Ulligen" nichts zu tun haben. Sie fürchteten, daß alles zu unübersichtlich würde.

Doch es gab auch andere Stimmen, teils von Kindern, die sich selbst davon ein größeres Angebot oder einen breiteren Markt versprachen, teils von sozial denkenden Kindern, welche die anderen auch an so einer Einrichtung beteiligen wollten. Aus der abschätzig gemeinten Äußerung eines Jungen ergab sich schließlich der Anstoß für ein Flohmarkt-Projekt für die ganze Schule unter der Steuerung der beiden Klassen. Er sagte: „Das müßt ihr euch vorstellen: dann wollen die alle tauschen kommen! Was meinst du, wie voll das hier wird, da kriegst du kein Bein mehr auf den Boden. Da kannst du gleich auf dem Schulhof tauschen gehen." Lakonische Antwort eines Mädchens: „Na und? Und warum nicht?"

So war bald klar, daß ein großer Flohmarkt stattfinden sollte, auf dem Schulhof natürlich. Am nächsten Tag wurde in beiden Klassen überlegt, wie der Flohmarkt ablaufen sollte. Dann trafen beide Klassen zusammen und trugen sich ihre Vorschläge vor. Dabei fiel auf, daß die Schüler sich den Ablauf des Tages gut vorstellen konnten, daß sie den Markt auch öffnen wollten für Kinder des Kindergartens und andere Schüler, weshalb sie auch an Werbeplakate dachten. Was jedoch besonders deutlich wurde: sie dachten auch stets daran, daß sie die Lehrer, den Rektor fragen müßten, ob das alles so ginge. Auch wenn sie bisher nicht sonderlich eingeengt wurden in ihren selbständigen schulischen Aktivitäten, so hatten sie doch gerade bei diesem Vorhaben nicht spontan das Bewußtsein, planen und vorschlagen zu können, was sie wollten. Diese Sicherheit, daß aus der Sicht der Schule auch die Planung eines Flohmarktes eine ernste und wertvolle Angelegenheit ist, wurde ihnen erst im Gespräch vermittelt. Anschließend nahmen die Flohmarkt-Vorstellungen schnell konkrete Formen an:

- Alle Kinder der Schule sollten teilnehmen dürfen.
- Der Flohmarkt sollte an einem Nachmittag für etwa zwei Stunden stattfinden.
- Jeder sollte sich auf dem Schulhof selbst einen Platz suchen können, um seine Dinge anzubieten.
- Die Kindergartenkinder sollten mit eingeladen werden.
- Für den Flohmarkt sollten Plakate gemalt werden.
- Es sollte eher getauscht als verkauft werden.
- Beim Tauschen und Trödeln sollten die Eltern und Lehrer sich heraushalten.
- Jeder Trödler sollte ein Standgeld bezahlen.

Der letzte Punkt wurde von einem Jungen ins Gespräch gebracht, der durch seine Eltern Flohmarkt-Erfahrungen hatte. Er wußte, daß richtige Trödler auch ein Standgeld bezahlen müssen.

„Und wer bekommt das Standgeld?"
„Die Veranstalter."
„Und wer ist unser Veranstalter?"
„Wir."
„Dann bekommen wir das Geld?"
„Ja klar!"
„Und was machen wir damit?"
„Was wir wollen."
„Prima, das teilen wir uns dann."
„Was machen die denn beim richtigen Flohmarkt damit?"
„Damit bezahlen die die Platzreinigung und so, und den Rest behalten die."
„Dann müssen wir aber dem Hausmeister auch was abgeben."
„Wir können doch auch selbst sauber machen und das Geld behalten."
„Also ich glaub nicht, daß die anderen Klassen das gut finden, wenn wir das Geld kassieren."

Hier fand ich es schon notwendig, mit einer Anregung ins Gespräch einzugreifen, zumal sich ohnehin nur noch wenige Kinder an der Diskussion beteiligten. Ich bewertete die Standgeld-Idee positiv, weil die Teilnahme beim Trödeln dadurch einen größeren Ernst bekam, zu einer bewußten Entscheidung führte. Um das Standgeld jedoch nicht zu einer verhindernden Barriere zu machen, schlug ich einen Betrag von fünfzig Pfennig vor, verbunden mit dem Denkanstoß, ob dieses Geld, was durch Kinder hereinkommt, nicht auch für Kinder wieder eingesetzt werden könnte. Dem Vorschlag wurde von der Mehrzahl der Kinder zugestimmt; einige schlugen zunächst vor, unter dieser Bedingung den Standgeld-Betrag zu erhöhen, er blieb aber dann doch bei der vorgeschlagenen Höhe. Nach wenigen Vorschlägen für lokale Institutionen einigten sich die Kinder darauf, das Geld für UNICEF zu spenden, damit sich am Ort nicht jemand benachteiligt vorkäme und weil am Wochenende gerade eine Unterhaltungssendung über UNICEF im Fernsehen gelaufen war.

Mit der Schulkonferenz wurde ein Freitagnachmittag im Mai als Trödeltag vereinbart. Ebenso wurde geklärt, daß der Schulkopierer für den Druck von Werbezetteln eingesetzt werden durfte. Auch den Hausmeister informierten die Kinder, und er sagte zu, beim Vorbereiten und Aufräumen mitzuhelfen. Ein weiterer wichtiger Punkt war die Information der anderen Schüler. Die Kinder bildeten Gruppen und vereinbarten Zeiten, zu denen sie die Kinder der anderen Klassen informierten. Dazu wurden zunächst Handzettel entworfen. Die Kinder besprachen die Entwürfe, einigten sich auf einen und dieser wurde sauber gezeichnet und geschrieben und dann dreihundertmal vervielfältigt. Mit diesen Handzetteln gingen jeweils vier Kinder in die anderen Klassen und haben die Flohmarkt-Idee dargestellt, Rede und Antwort gestanden, und besonders die Bedeutung des Standgeldes erläutert und für die aktive und passive Teilnahme geworben. Auch in zwei Kindergärten informierten sie die Kinder.

Einige der Handzettel wurden per Kopierer auf größeres Format gebracht. Sie wurden mit der Hand bunt ausgemalt und als Plakate aufgehängt oder bei Geschäften vorbeigebracht. Durch Verkleinern des Handzettels entstand eine Quittung für die erfolgte Zahlung des Standgeldes. Diese Techniken des Vergrößern und Verkleinerns kannten die Kinder von der Herstellung der Klassenzeitung.

Am Flohmarkt-Tag schloß der Unterricht generell um zwölf Uhr, sodaß jeder in Ruhe nach Hause konnte, um seine Schätze zu holen und sie bis vierzehn Uhr aufzubauen. Was dann eintrat, übertraf die Erwartungen erheblich. Kinder brachten in Kisten, Taschen und Kartons Trödel- und Tauschware zur Schule. Teils schleppten sie es heran, teils fuhren sie es auf dem Fahrrad, teils zogen sie es auf Großmutters Ziehkarre, und – unvermeidlich – natürlich brachten auch Eltern Tapeziertische und den Kofferraum voll Ware für ihre Kinder heran.

Eltern halfen dann Tische herauszutragen, viele Kinder breiteten sich auf mitgebrachten Decken aus. Die von den Klassen ausgewählten Kassierer gingen bei den aktiven „Trödlern" vorbei und kassierten gegen Quittung die Standgebühr. Beim Abrechnen stellten sie fest, daß 86 Trödler aktiv dabei waren, bei einer Schule von etwa 220 Kindern eine Zahl, an die wir nie gedacht hatten.

Beim Trödeln und Tauschen war es erfrischend zu beobachten, daß die Kinder ganz persönliche Wert-Kategorien hatten, daß sie nicht in den Geldwert-Kategorien der Erwachsenen denken. Sie tauschten ein Auto gegen ein gepreßtes Edelweiß, eine Plastikplakette gegen einen Radiergummi. Wenn man sich als Erwachsener hier einmischt, kann es zu Irritationen kommen. Ich sah zum Beispiel, daß ein Mädchen von ihren Büchern und Kassetten bisher nichts getauscht oder verkauft hatte. Sie bot auch eine Kassette über einen Drachen an. Da mich das Thema „Drachen" interessierte, fragte ich sie nach dem Preis der Kassette. Sie wollte fünfzig Pfennig haben. Da mir das für mich zuwenig erschien, gab ich ihr zwei Mark. Ihr Vater war Gast beim Trödelmarkt. Ich erzählte ihm etwas später von meinem Kauf. „Ist ja interessant", kommentierte er ohne Vorwurf, „die habe ich der Verena erst gestern neu geschenkt. Sie hat sie wahrscheinlich noch gar nicht abgehört." Die Situation wurde dadurch etwas aufgefangen, daß ich mir die Kassette nur überspielte und Verena dann das Original wiedergab mit dem Hinweis, daß ich es ja nun nicht mehr brauchte.

Für die Kinder war dieser Nachmittag ein großes Erfolgserlebnis. Ob jemand Miss Piggy gegen einen Matchbox-Jaguar getauscht hat oder für zwanzig Pfennig einen Kerzenständer gekauft hat, den er später als Geschenk für seine Mutter gebrauchen konnte, ob als aktiver oder passiver Trödler, – alle hatten an diesem Nachmittag Spaß auf dem Schulhof. Aufgeräumt wurde gemeinsam und die anderen Kinder lobten die ‚Veranstalter' und fragten schon an, ob sie beim nächsten Mal so einen Flohmarkt organisieren dürften.

Insgesamt lag der pädagogische Wert dieser Veranstaltung wohl auf dieser Ebene:

- Die Schüler erfuhren, daß die Schule auch ein Ort ungetrübter Freude sein kann.
- Die Schüler konnten selbständig den Prozeß des Kaufens und Tauschens ausführen und dabei eigene Wertvorstellungen entwickeln und erproben.
- Durch das Trödeln, das Sehen und Schätzen vielfältiger Dinge wurde vielleicht bei der einen oder dem anderen der Sammeleifer angeregt oder der Sammeltrieb gestärkt. Hierdurch wurde wieder die Brücke zwischen Schule und Freizeitverhalten geschlagen.
- Kinder verschiedener Klassen kamen in Kontakt und lernten sich gegenseitig zu akzeptieren.
- In der Vorbereitung und Nachbereitung erfuhren die Kinder, daß sie etwas bewirken und für alle erreichen können.
- Sie lernten, daß auch eine Veranstaltung zur Freude und Unterhaltung sorgfältig und teils auch mühsam geplant und vorbereitet werden muß.

Man kann gute Ideen totreiten, gelungene Einzelaktionen können aber auch zu Traditionen werden. Aufgrund der Begeisterung und des ständigen Nachfragens der Kinder hat sich so eine Schultradition entwickelt; auch Lehrerinnen und Eltern sorgten dafür, daß der Kinder-Flohmarkt wiederholt wurde. Inzwischen hat er zum vierten Mal stattgefunden. Er wird nicht mehr, weil die Spontaneität, die damalige aktuelle Idee fehlt, so sehr eigenverantwortlich von einer Klasse vorbereitet. Alles ist ein bißchen glatter, routinierter und komfortabler geworden. Was sich aber erhalten hat, ist der Spaß der Kinder beim Anbieten und Tauschen ihrer Ware und die Freude der Eltern und Lehrer, die Kinder so fröhlich zu sehen. Nie hat es Tränen oder auch nur Ärger gegeben.

Was sich weiter entwickelt hat, war der Ausbau der Verbindung zu UNICEF. Durch rechtzeitigen Kontakt hatten wir beim zweiten Mal Informations- und Werbematerial zur Verfügung. So konnten wir im vorhinein über UNICEF informieren, und am Flohmarkt-Tag hingen Plakate und Luftballons auf dem Schulhof. Dadurch kamen zusätzlich zum Standgeld noch Spenden herein; sie wurden aufgestockt durch den Überschuß des Verkaufs von Getränken und Würstchen, sodaß in einem Jahr einmal der glatte Betrag von vierhundert Mark an UNICEF überwiesen werden konnte.

Daß ein solcher Betrag für eine gute Sache so nebenbei beim gemeinsamen Spaß abfällt, ist sicherlich auch ein Grund, warum die Flohmarkt-Veranstaltung mit allgemeiner Zustimmung zum jährlichen Schulprogramm der Schule gezählt wird.

Einfach märchenhaft

Die wohl wichtigste Aufgabe des Sachunterrichts liegt darin, den Kindern Hilfe bei der Erschließung der Lebenswirklichkeit zu geben, sie zu befähigen, sich mit den natürlichen, technischen und sozialen Phänomenen ihrer Lebenswelt auseinanderzusetzen. Gerade Projekte haben eine ähnliche Zielsetzung. Sie wollen die aktive, handelnde Auseinandersetzung in der Lebenswirklichkeit ermöglichen. Zur Lebenswirklichkeit gehört jedoch nicht nur Reales, sondern auch die Abbildung der Realität und ihre Interpretationen, sowie Gedanken und Vorstellungen, die über das Offenkundige hinausgehen. Vor diesem Hintergrund ist eine Projektwoche zum Rahmenthema „Märchen" zu sehen.

Nach der letzten Projektwoche hatten wir uns vorgenommen: Sowas wiederholen wir rasch. An den Nachfragen der Kinder merkten wir, daß inzwischen doch schon wieder einige Monate ins Land gegangen waren.

In der Lehrer- und Schulkonferenz wurde über das Rahmenthema der nächsten Projektwoche gesprochen, denn ein solches sollte es wieder geben, damit die einzelnen Aktivitäten einen inneren Bezug haben. Eine Mutter zitierte im Rückblick auf die letzte Projektwoche die Aussage ihrer Tochter: „Mutti, diese Woche war einfach märchenhaft!" Damit war das Stichwort für die Grundidee der neuen Projektwoche gefallen. „Machen wir doch noch mal eine märchenhafte Woche, richtig märchenhaft; also eine Woche rund um Märchen." Es gab zunächst einige Bedenken, eine ganze Woche für dieses Thema anzusetzen, Befürchtungen, daß das Thema keine Woche trägt.

In einem ersten brainstorming wurden 15 Ideen aufgelistet, die zum Oberthema „Märchen" gefunden wurden:

- Märchenbuch (ein bekanntes Märchen schreiben, malen; auf großem Format arbeiten)
- Märchenwandbild (große Collage aus Stoff, Wolle oder Papier)
- Märchenlieder (singen, musizieren, eigene Lieder)
- Märchenspiel (Märchen in Szenen gliedern, spielen, verkleiden)
- Märchentheater (ein Theater bauen, z. B. Kartontheater mit Schiebefiguren; Aufführung)
- Schattenspiel (Figuren bauen; Aufführung)
- Erzählen (neue Märchen erzählen, schreiben; alte Märchen umschreiben)

– Kulissen bauen	(in Zusammenarbeit mit der Märchenspielgruppe Kulissen bauen und bemalen)
– Märchenfiguren	(lebensgroße Figuren bauen)
– Märchenfilm	(Märchenspiel einüben und dann videografieren)
– Märchenküche	(Gerichte kochen, die in Märchen vorkommen)
– Interviews	(Erwachsene zu Märchen befragen, sie zum Märchenerzählen einladen)
– Hexen	(Tänze, Spiele, Erzählungen)
– Basteleien	(Basteln, Falten von Märchenfiguren)

Die Projektwoche wurde für eine Kalenderwoche terminiert, die vier Unterrichtstage hatte. Nach dieser Festlegung ging es an die Detailplanung und Organisation.

Entsprechend unseren zehn Lehrkräften wurden zehn Projektgruppen angeboten. Dazu wurden die ersten 15 Ideen modifiziert: aufgrund erster Gespräche mit den Kindern, realistischer Überprüfung unserer personellen und räumlichen Voraussetzungen und um Doppelungen zu vermeiden, wurden die ersten Ideen teils ergänzt, teils zusammengefaßt, und teils – schweren Herzens – fallen gelassen. So ergaben sich schließlich folgende zehn Angebote:

Gruppe 1: Wir machen ein Märchentheaterbuch
Gruppe 2: Wir machen ein Märchenrätselwandbild
Gruppe 3: Märchenhafte Lieder
Gruppe 4: Wir spielen Märchen
Gruppe 5: Wir bauen Märchenfiguren
Gruppe 6: Wir bauen ein Kartontheater
Gruppe 7: Alte Märchen – neue Märchen
Gruppe 8: Von Hexen und Ungeheuern
Gruppe 9: Die Bremer Stadtmusikanten
Gruppe 10: Bunte Märchenwelt

Zusätzlich hatten sich die Mütter, die mehrmals in der Woche die Schülerbücherei betreuen, bereit erklärt, anstelle der normalen Ausleihe jeweils eine „Märchenstunde" anzubieten. Ein Vater hatte verschiedene Märchenfilme besorgt, Puppen- und Zeichentrickfilme, Spielfilme, Fernsehmitschnitte, und der Hausmeister war bereit, Teilgruppen zur Information oder Entspannung aus diesem Filmangebot etwas vorzuführen.

Die Gruppen neun und zehn waren für die ersten Klassen bestimmt und enthielten von vornherein weniger Anforderungen im schriftsprachlichen Bereich. Die übrigen acht Gruppen sollten aus den Klassen zwei bis vier gemischt zusammengesetzt sein.

Zur Vorstellung des ungefähren Gruppeninhalts wurden alle Kinder der Klassen zwei bis vier 14 Tage vor Projektbeginn im Mehrzweckraum von den jeweiligen Gruppenanbietern selbst informiert.

Die Eltern erhielten einen Elternbrief und wurden zum Helfen, Hospitieren und zur Teilnahme an der Ergebnisdarstellung am letzten Projekttag eingeladen.

Nach der Informationsveranstaltung konnten die Kinder ihre Projektgruppe wählen. Wir hatten dazu an zwei Plakatwänden die zehn Gruppenthemen mit Listen angeheftet, einmal auf rotem Papier, ein zweites Mal auf blauem Papier. Jedes Kind durfte sich bei jeder Farbe einmal eintragen. Auf dem roten Papier sollte die Lieblingsgruppe gewählt werden, auf dem blauen Papier die Ersatzgruppe eingetragen werden.

Beim Auswerten ergab sich bei den Erstwünschen eine Streuung zwischen 5 und 35 Nennungen pro Gruppe und bei der Summe von Erst- und Zweitwunsch eine Streuung zwischen 15 und 70 Nennungen pro Gruppe. Es gab also eindeutig favorisierte Gruppen und weniger beliebte Angebote, am gefragtesten waren die Gruppen 5, 6 und 8.

Interessant war noch das Wahlverhalten der einzelnen Klassen: in den Klassen zwei und drei streuten die Erstwünsche zwischen drei und allen Gruppen; in den beiden vierten Schuljahren wurde jedoch bis auf eine Abweichung nur jeweils die Gruppe der Klassenlehrerin gewählt. Hier hätten wir eher ein umgekehrtes Wahlverhalten vermutet, nämlich daß die jüngeren Schüler nicht so sehr zwischen Sache und Person zu differenzieren vermögen und deshalb eher die Gruppe der ihnen vertrauten Person der Klassenlehrerin wählen würde.

Unter der Prämisse, daß zwar eine bunte Altersmischung in den Gruppen entstehen, aber kein Kind völlig „umgepolt" werden sollte, gelang es, unter Berücksichtigung der Erst- und Zweitwünsche alle Angebote zu erhalten und eine akzeptable Gruppengröße zu erreichen. Die kleinste Gruppe umfaßte demnach 11 Kinder, die größte 21.

Diese Einteilung wurde den Kindern vor Beginn der Projektwoche mitgeteilt und es fand ein erstes Kennenlernen statt, bei dem sich die Kinder der verschiedenen Klassen beschnuppern konnten und erste Sammel- und Vorbereitungsaufträge erteilt werden konnten.

In der Projektwoche ging es dann bei abgestellter Schulglocke in allen Gruppen zunächst ähnlich los. Es wurden Ideen gesammelt, Ziele gesetzt, Entscheidungen getroffen, Planungen aufgestellt, Besorgungen gemacht, und es wurde mit Kopf, Herz und Hand, mit Feuereifer daran gearbeitet, bis zum Donnerstag zu einem vorzeigbaren Ergebnis zu kommen.

Die Gruppe 1 hatte ein italienisches Märchen umgeformt und weitererzählt, danach die Geschichte in Schritte gegliedert. Zu jedem dieser Erzählschritte entstand dann eine Seite für ein Märchenbuch. Die großen Seiten im Format Din A2 enthielten jeweils den selbstgeschriebenen Text und eine phantasievolle Gestaltung in gemischten bildnerischen Techniken (Deckfarben, Farbstifte, Collage mit Papier und Textilien).

In der Gruppe 2 entstand nach dem Märchen-Hören, -Lesen und -Erzählen ein großes Wandbild, 1,50 m hoch und 4 m lang. Auf einem Nesseluntergrund hatten die Kinder acht Bilder mit Märchenmotiven als Textilapplikation aufgenäht.

Die Gruppe 3 hatte sechs Märchenlieder eingeübt, davon drei mit einer märchenhaften Orff-Begleitung, wobei alle 13 Kinder der Gruppe aktiv waren.

Die Gruppen 4 und 7 entwickelten aus Märchenfiguren jeweils ein Märchenspiel und erarbeiteten dazu auch einfache Kulissen: eine Gruppe malte Folien, die als Hintergrund mit Hilfe des Tageslichtprojektors projiziert wurden, die andere bemalte Tapetenbahnen, die aufgehängt werden konnten.

Die Gruppen 8, 9 und 10 arbeiteten ähnlich, vornehmlich im sprachlichen und ästhetischen Bereich. Eine Gruppe blieb ganz im Themenkreis der Bremer Stadtmusikanten, die andere setzte den Schwerpunkt bei den besonders magischen Figuren der Hexen, Feen, Drachen. Sie bastelten, malten und falteten entsprechende Figuren, studierten einen Feen- und einen Hexentanz ein.

In der Gruppe 6 entstand ein Kartontheater. Die Kinder malten Märchenfiguren auf Karton, schnitten sie aus und befestigten einen Holzstab daran. Dieser Schieber war entweder oben befestigt oder an der Seite, je nachdem wie die Kulisse eingerichtet war.

In der Regel hatten die Kinder alleine oder in Partnerarbeit einen Karton in der Größe eines Weinkartons für 12 Flaschen gewählt, aber auch Schuhkartons oder größere Kartons. Sie wurden von innen bemalt oder beklebt; dann erhielten sie einen Schlitz, um verschiedene Spielhintergründe aufnehmen zu können. Einige Kartonmodelle wurden oben aufgeschnitten, – hier wurden die Märchenfiguren von oben geführt. Andere Kartons hatten Schlitze an den Seiten, – hier wurden die Figuren von der Seite auf die Bühne geschoben. Natürlich wurden dann dazu auch kleine Szenen aus Märchen ausgewählt und gespielt.

In der Gruppe 5 entstanden drei lebensgroße Märchenfiguren. Zunächst war an eine Figurengruppe gedacht, die zusammenpaßte, aber die Kinder wollten ein Rotkäppchen und den Wolf sowie eine Hexe bauen.

Nach dem Vorgespräch hatten die Kinder Holzleisten und Kleister und Farbreste vom häuslichen Anstreichen und Tapezieren dabei. Ein Vater hatte vorher schon eine Restrolle Maschendraht aus seinem Schrebergarten

vorbeigebracht. Da an unserer Schule noch kein Werkraum existierte, hatten die Kinder auch Werkzeug mitgebracht.

Nach langem Beraten und Ausprobieren war klar, wie die Unterbauten der Figuren aussehen und wie groß sie sein sollten. Es begann ein fröhliches, aber durchaus sachgerechtes Sägen und Hämmern. Die Leisten wurden auf Länge geschnitten und zu Gestellen zusammengenagelt. Auf diese Holzgerüste wurde dann ein Drahtgeflecht genagelt.

Später besorgten die Kinder einen Arm voll Toilettenpapier vom Hausmeister. Mit diesen Rollen wurden die Figuren zu Mumien umwickelt. Mit Tapetenkleister und einigen Lagen Zeitungspapier bekamen sie ihre Festigkeit. Die Köpfe wurden aus zusammengeknüllten und geleimten Lagen Zeitungspapier erstellt. Ihre vorläufige Form wurde durch Kreppband gehalten.

Damit die Rohfiguren schnell trockneten, wurden sie in den Heizungskeller gestellt. Nach einem Grundieren mit weißer Deckenfarbe wurden die Figuren am letzten Tag schließlich liebevoll angemalt, wobei jedes Kind seinen Beitrag liefern konnte. Erfreulich war, daß eine Reihe von Kindern von sich aus Interesse hatte, den Arbeitsraum, der doch sehr gelitten hatte, wieder in Ordnung zu bringen.

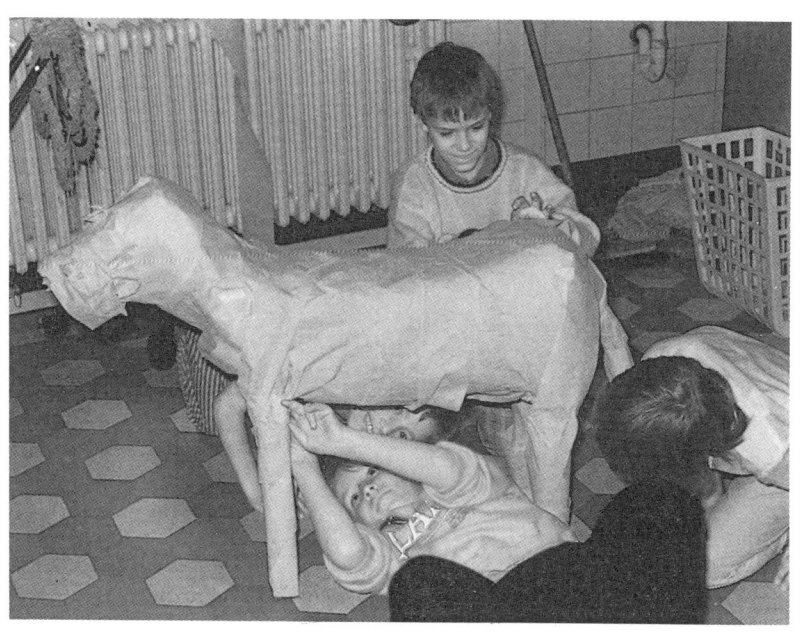

Bei diesem Bauen, das den Kindern sehr viel Spaß gemacht hat, wurde, was auf den ersten Blick vielleicht gar nicht so deutlich wird, eine Fülle an sachunterrichtlichen Zielen erreicht.

Neben sozialen Qualifikationen, die erworben, gefördert oder trainiert wurden (sich verständigen, Absprachen treffen, den anderen auch zum Zug kommen lassen, jemanden um Hilfe bitten, Kritik ertragen, sich auf jemanden verlassen . . .), wurden auch viele rein sachliche, fachliche, im engeren Sinne sachunterrichtliche Ziele angesprochen. Im besonderen Maße bezog sich das auf den Aufgabenschwerpunkt „Werkstoffe und Werkzeuge".

So lernten die Kinder

- einen Arbeits- und Bauplan zu erstellen.
- nach Plan zu arbeiten.
- Materialien und Werkzeuge zu benennen.
- mit dem Zollstock zu messen und Maße anzureißen.
- Holz zu sägen.
- Holz durch Nageln zu verbinden.
- Zangen zu benutzen.
- Werkzeuge sicher und pfleglich zu benutzen.
- Draht zu schneiden und zu verformen.
- nach Rezept Kleister anzurühren (dabei stellten sie fest, daß zwei Stoffe, nämlich Kleisterpulver und Wasser, nach dem Mischen völlig neue Eigenschaften haben).
- Farben anzurühren und sie sachgerecht aufzutragen.
- einen Raum zu reinigen.

Am vierten Tag also wurden die Gruppenarbeiten abgeschlossen und sollten gegenseitig vorgestellt werden. Unser Kollegium hatte sich vorher zusammengesetzt und die zu erwartenden Ergebnisse zusammengetragen.

Einige Gruppen hatten Produkte erstellt, die im bisherigen Arbeitsraum ausgestellt wurden. Sie sollten dort von Gruppenmitgliedern als „Experten" kommentiert werden. Die Gruppe 2 hatte zu ihrem ausgehängten Wandbild noch ein Märchenrätsel entwickelt. Die anderen Kinder sollten erraten, aus welchen Märchen die acht dargestellten Szenen stammten. Dazu wurden Fragen gestellt, und mit einigen Buchstaben aus den Antwortwörtern ergab sich dann als Lösungswort „Frau Holle". Dieses Rätsel wurde kopiert und stand allen Interessenten zur Verfügung.

Die anderen Gruppen hatten Spiele, Tänze oder musikalische Darbietungen erarbeitet. Wir stellten einen Zeitplan für die Aufführungen auf, die in abgestimmten Intervallen zweimal dargeboten werden sollten. Daraus ergab sich ein fröhliches, kommunikatives Durcheinander. Die Kinder zogen allein oder in Gruppen durch das Schulgebäude, schauten hier mal rein, fragten dort nach, machten da mal mit, waren stolz auf ihre Ergebnisse, aber erkannten auch neidlos die gute Leistung anderer an.

Insgesamt eine erfreuliche Woche, die viel Spaß in der Schule ermöglichte und daher vielleicht auch viel Freude für weitere Anstrengungen freisetzte; eine Woche, die Lehrerinnen die Schüler mal anders erleben ließ und umgekehrt ebenso; eine Woche, die das starre Jahrgangsklassensystem und die Stundenplanhäppchen erfolgreich vergessen ließ.

Dennoch fanden wir noch Verbesserungsvorschläge. In einem reflektierenden Rückblick stellten wir fest und wünschten:

- Es sollten demnächst noch mehr Projektgruppen mit handlungspraktischen Zielsetzungen angeboten werden.
- Vor der nächsten Projektwoche wollen wir versuchen, die Eltern noch besser zu informieren, zu aktivieren und einzubinden.
- Es wäre wohl besser gewesen, wenn die Projektwoche doch über volle fünf Tage gegangen wäre.
- Eine Darbietung der Ergebnisse sollte am Samstag erfolgen, damit die Eltern ohne Schwierigkeiten teilnehmen können.
- Demnächst sollten auch die ersten Klassen voll in die Projektwoche integriert werden.
- Da während der Woche das eher konsumptive Zusatzangebot ohnehin nicht genutzt wurde, sollte in Zukunft auf ähnliches gleich verzichtet werden.
- Für die Darbietungen der einzelnen Gruppen sollte mehr Zeit bleiben oder sie sollten im Mehrzweckraum zusammengefaßt werden; diesmal hatten trotz der zeitlichen Staffelung längst nicht alle Kinder alle Darbietungen sehen können.
- Es wäre schön, wenn demnächst Teile der verschiedenen Aktivitäten zum Beispiel durch Videoaufnahmen besser dokumentiert würden – zur Erinnerung, zum Lernen, zum neuen Appetitmachen.

Alles wird sich auch beim nächsten Mal nicht realisieren lassen, aber Wünsche dürfen ja sein, zumal nach einer märchenhaften Woche.

Ich glaub', ich bin im Wald!

An manchen Schulen sind die klassischen Schulfeste noch „in", – Schulfeste mit Rummel und Reibach, mit Tombola und Tralala, mit Frohsinn und Fritten. Nicht jede Schule aber mag diese seit Jahren gleich ablaufenden Schulfeste, denn die Kinder sind bei Planung und Vorbereitung meist wenig beteiligt, sodaß das Schulfest oft ein Pfarrfest mit anderem Etikett ist. Also wurden Alternativen überlegt.

Bei der Suche nach anderen Möglichkeiten wurden ein Basar genannt, ein Trödelmarkt, ein Ausflug mit der ganzen Schule und eine Projektwoche. Gerade unter dem Aspekt der Handlungsmöglichkeiten der Kinder einigte man sich auf die Projektwoche.

Eine Schule am Waldrand, auf einem Gelände, das vor sechzig Jahren selbst noch Wald war. Diese Schule verständigte sich zum ersten Mal auf eine Projektwoche. Was lag da näher als das Thema „Wald".

In der Lehrerkonferenz wurden Vorschläge zum Termin, zur Organisation und zur Inhaltlichkeit gesammelt. Die Projektwoche wurde dann für eine Woche terminiert, die wegen eines Feiertags nur vier Unterrichtstage hatte. An drei Tagen sollte die Projektarbeit stattfinden, am vierten Tag sollten die Projektergebnisse dargestellt werden.

Bei einer ziemlich kleinen Schule mit nur sechs Kolleginnen lag es auf der Hand, daß sechs Angebote für die Projektgruppen gemacht wurden. Diese Angebote hatten die Kolleginnen nach ihrem Können, ihren Voraussetzungen, ihrer eigenen oder der vermuteten Interessenlage der Kinder gemacht.

Folgende Gruppenthemen wurden angeboten:
1. Ein Wald im Schuhkarton
   Hier ging es darum, verschiedenste Bäume zu basteln und in einen Karton hineinzubauen.
2. Tiere des Waldes
   Hier sollte eine große Informationswand über Tiere des Waldes entstehen.
3. Vögel des Waldes
   In dieser Gruppe sollten Steckbriefe in Karteiform über Vögel des Waldes angefertigt werden.
4. Die Kinder des Waldes
   Aus einer Textvorlage sollte ein kleines Theaterstück entstehen.
5. Musik und Lieder des Waldes
   Hier sollten Lieder vom Wald gesungen und zum Teil begleitet werden.

6. Wir erforschen den Wald
   Diese Gruppe sollte mehrmals unter verschiedensten Gesichtspunkten durch den Wald streifen.

Jede Kollegin erläuterte in der Konferenz ihre Vorstellung zum Inhalt und zu den möglichen Vorgehensweisen. Die anderen ergänzten und gaben Tips. Jede Klassenlehrerin stellte dann in ihrer Klasse die sechs Angebote vor; allerdings wurde nicht dazugesagt, wer die jeweilige Gruppe leitet, um rein personenbezogene Gruppenwahlen zu vermeiden.

Die Kinder aller vier Jahrgänge konnten nun wählen, in welcher Gruppe sie mitmachen wollten. Dazu wurde im Flur ein großer Baum aus Spanplatte aufgestellt, an dem sechs große Blätter hingen. Diese Blätter waren die Einschreiblisten für die gewünschte Gruppe. Später hatte der Baum noch weitere kommunikative Funktionen, indem er gleichsam als Anschlagtafel für Mitteilungen und Zwischenberichte diente. Durch einen glücklichen Zufall verteilten sich die 125 Kinder zahlenmäßig fast gleichmäßig und altersbezogen erfreulich heterogen auf die sechs angebotenen Projektgruppen, sodaß nur in wenigen Fällen durch ein Gespräch mit einigen Kindern die endgültige Einteilung getroffen werden konnte.

Bei Elternpflegschaftsabenden wurde überlegt, wie die Eltern in die Projektwoche eingebunden werden konnten. Hier boten einige Eltern ihre Mithilfe an; sie wollten besonders bei Gängen und Erkundungen die Gruppen begleiten. Andere wiederum erklärten sich bereit, für den Abschlußtag der Projektwoche eine Cafeteria einzurichten.

Durch einen Elternbrief wurden alle Erziehungsberechtigten über Ziele und organisatorische Details der Projekttage informiert. Die Eltern wußten danach, daß ihr Kind jeweils von acht bis zwölf Uhr schulpflichtig war, allerdings zu anderen Aktivitäten als sonst.

· In allen Projektgruppen gingen die Arbeiten und Ergebnisse über das hinaus, was die Lehrerinnen sich vorher vorgestellt hatten, weil sich Unverhofftes ereignete oder die Kinder und auch Eltern Vorschläge machten, die die ersten Zielvorstellungen überschritten.

In der Projektgruppe 1 „Ein Wald im Karton" haben die Kinder nach einem Gang durch den Wald und nach dem Lesen und Austauschen realer sowie fiktionaler Erzählungen einen Wald in einen Karton hineingebastelt. Die Kartons wurden bemalt und beklebt. Die Bäume entstanden in verschiedenen Techniken und unterschiedlichen Materialien: Holz, Pappe, Papier und Umweltmaterialien wie echte Zweige, Heu und Moos. Manchmal war der hergestellte Wald der Versuch eines mehr oder weniger realistischen Abbildes; bei anderen Kindern war es eher ein magischer, verzauberter Wald, der seine spezielle Stimmung durch eine geheimnisvolle Beleuchtung bekam. Dort konnte man nämlich nur von vorne hineinschauen und in den Deckel war ein Fenster eingeschnitten, das mit grünem oder blauem Transparentpapier beklebt war.

Neben dem ästhetischen Anliegen ging es in dieser Gruppe auch um eine Fülle technischer Problemstellungen, wie etwa die Verbindung der Materialien, die Befestigungsmöglichkeiten und die Standfestigkeit der Bäume.

Die Projektgruppe 2 „Tiere des Waldes" sammelte zunächst alle möglichen Abbildungen und Texte über Waldtiere. Jeder brachte seine Bilder, Bücher und Poster mit. Da eine große Informationswand entstehen sollte, wurden zwei Bahnen einer Druckpapierrolle aneinandergeklebt, sodaß eine Fläche von etwa zwei mal sechs Metern entstand. Diese Fläche wurde mit einer angerührten Pulverfarbe mit Schwämmen lasierend grundiert, mit brauner „Erde", einem hellen Mittelteil und einem blauen „Himmel". Auf diesen Untergrund wurden dann in einfachen Umrissen Bäume gemalt.

Inzwischen hatten andere Kinder aus Zeitschriften, Kalenderblättern, Postern usw. Abbildungen von Tieren ausgeschnitten. Einige Abbildungen, die nicht aus Büchern herausgetrennt werden konnten, wurden kopiert und dann von den Kindern selbst coloriert, oder sie haben sie mit aufgelegtem Butterbrotpapier vervielfacht und dann auch wieder buntgemalt. Einige Tiere haben sie auch gleich selbst gezeichnet und gemalt, besonders kleine Waldtiere wie Käfer, Asseln, Ameisen, Spinnen, von denen sie auch kaum Abbildungen gefunden hatten. Bei den Bildern wurde darauf geachtet, daß es Tiere waren, die in unseren Wäldern leben. Wegen einiger Zweifelsfälle (z. B. der Luchs) wurde der Förster befragt. Die Abbildungen der Tiere wurden dann auf den vorbereiteten Untergrund geklebt, und zwar in den jeweils zugehörigen Lebensraum.

Zu allen Tieren wurden dann noch kleine Informationstexte geschrieben und neben die jeweiligen Bilder geklebt. Die Texte gaben Auskunft zu den Fragen:

Wie heißt das Tier?
Wie groß ist es?
Wo lebt es?
Wie ernährt es sich?
Wer sind seine Feinde?
Welche Besonderheiten hat es?

Die Kinder beantworteten die Fragen anhand eigener Bücher oder mit Hilfe von Büchern, die sie aus der Schülerbücherei oder bei einem Besuch im Bücherbus ausgeliehen hatten. So entstand eine optisch ansprechende und informative Anschauungstafel über Tiere des Waldes.

Die Projektgruppe 3 „Vögel des Waldes" ging ähnlich vor wie die Gruppe 2. Sie erstellte jedoch keine Informationswand sondern Karten – von den Kindern „Steckbriefe" genannt –, auf denen die jeweiligen Vögel als Foto oder Zeichnung abgebildet waren. Dazu enthielten die Karten stichwortartig Informationen über Aussehen, Ernährung und Verhalten der jeweiligen Vögel. Im naturkundlichen Heimatmuseum hatte die Gruppe zum Ausstellen noch einige Nester und Nistkästen und auch drei ausgestopfte Vögel bekommen. Ferner hatte ein Kind mehrere Schallplatten mit Vogelstimmen, -gesang und -rufen mitgebracht. Die Stimmen von zwölf Vögeln, für die es auch Karteikarten gab, wurden auf je eine Cassette überspielt und diese wurde zu den Steckbriefen gelegt. Dann wurden Recorder und Abspielgeräte („Walkman") mitgebracht, sodaß mehrere Interessenten sich gleichzeitig die Stimmen ungestört anhören konnten.

Die Projektgruppe 4 „Die Kinder des Waldes" las zusammen erst ein älteres Kinderbuch und entwickelte daraus dann ein kleines Theaterstück, bei dem alle mitspielen konnten, zumindest als sprechende Bäume. Auch eine sparsame Kulisse wurde erstellt.

Die Projektgruppe 5 „Musik und Lieder des Waldes" hat ältere und neuere Lieder, einfache und schwierigere, ernste und lustige eingeübt. Zu zwei Liedern wurde eine Orff-Begleitung gefunden. Besonders viel Spaß machten aber eigene Verklanglichungen und das Erfinden von Klanggeschichten mit den unterschiedlichsten Instrumenten und Materialien. Da summten Bienen durch den Wald, da knackten Zweige, rauschten Blätter, hoppelten Hasen, rauschte ein Bach. Die Kinder hatten eine Fülle von Einfällen und fanden selbst Möglichkeiten, sie zu realisieren.

Die Projektgruppe 6 „Wir erforschen den Wald" hatte wieder etwas engeren Bezug zu sachunterrichtlichen Fragestellungen und Arbeitsweisen. Jeden Tag ging die Gruppe in den Wald, betrachtete, untersuchte, sammelte. Den Einstieg in die Woche lieferte allerdings eine Fernsehsendung, nämlich eine Folge jener vorzüglichen Sendungen, in denen Peter Lustig Kinder auf einfache, aber niemals falsche Weise über ökologische Zusammenhänge informiert. Er zeigte den Nutzen auch so unscheinbarer Tiere wie Schnecken, Asseln, Tausendfüßler, Springschwänze und Ameisen und gab Hinweise, die Altersringe eines Baumes zu lesen. Ferner informierte er über den großen Wert der Bäume für die Umwandlung verbrauchter Luft in Sauerstoff, wobei die Kinder als Faustregel erhielten, daß ein großer Baum etwa soviel Sauerstoff produziert, um den Bedarf von zehn Menschen zu decken.

Abrubbeln der Rindenmaserung

Bei ihrem ersten Streifzug durch den Wald wunderten sich die Kinder, daß es dort „so wenig Blumen" gab, dagegen fanden sie viele verschiedene Gräser, unterschiedliche Moose und vor allem auch Brennesseln. Mit Hilfe von Bestimmungsbüchern wurden sechs verschiedene Baumarten nach verschiedenen Gesichtspunkten (Blattformen, Rinde usw.) bestimmt. Von den Rinden haben die Kinder Frottagen gemacht und sie beschriftet. Die Frottagetechnik ist früher schon einmal bei anderen Gegenständen aus der Umwelt angewandt worden und war daher bekannt.

Für den zweiten Tag hatte die Gruppe einen Gang durch den Wald mit dem Förster vereinbart. Er erklärte ihnen den dreistöckigen Aufbau des Waldes mit Kräutern, Sträuchern und Bäumen, machte an einigen Stationen des Waldlehrpfades Halt, erlaubte, daß die Kinder verschiedene Moose, Gräser und Farne ausgruben und mitnahmen und grub selbst ein spatentiefes Loch in den Waldboden, damit die Kinder verschiedene Bodenschichten erkennen konnten. In der Schule schrieben und malten die Kinder auf, was ihnen wichtig war, teils als Sachbericht, teils als Erzählung bzw. erzählendes Bild. Die Pflanzen wurden in Obstkisten, die vorher mit Plastik ausgelegt waren, gepflanzt und dann angegossen.

Bei dem Gang am dritten Tag suchten die Kinder Gegenstände, die etwas vom Wald erzählten. Diese Fundstücke wurden mitgenommen und in Gips gegossen, z. B. Zapfen, Früchte, Moos, Flechten, aber auch rostige Cola-Dosen und Reste von weggeworfenen Verpackungen.

Der vierte Tag begann bei allen Gruppen mit dem Aufbau der Ausstellung, dem Aushängen der Ergebnisse und dem letzten Proben der Aufführungen. Danach stellten die Kinder sich gegenseitig ihre Ergebnisse vor, zum einen, um voneinander zu erfahren, was sie in den letzten Tagen gemacht hatten, zum anderen als Probe für den Nachmittag.

Für diesen Nachmittag nämlich waren die Eltern eingeladen. Einige Eltern hatten dazu sehr liebevolle Vorbereitungen getroffen und im Flur ein Waldcafe ganz in Grün eingerichtet. Die Angebote und Preise für die gespendeten Kuchen hatten sie in die Kronen von Pappbäumen geschrieben. Für die Kinder hielten sie kostenlose Waldquelle (sprich: Sprudelwasser) bereit.

Immerhin erschienen mehr als 90 Eltern. Nach einer kurzen Begrüßung hörten sie Lieder und Klänge vom Wald, sahen dann das kleine Theaterstück und sangen zum Schluß aus vollem Hals den „Jäger aus Kurpfalz" mit, – wie ja überhaupt viele Erwachsene immer wieder mal froh sind, einen Anlaß zum gemeinsamen Singen zu haben.

Anschließend standen die beiden Klassenräume zur Besichtigung, in denen die Kinder die Infowand, die Kartei mit den Steckbriefen, die Stopfpräparate, Nistkästen und Vogelstimmen, sowie die Waldfundstücke, Collagen und Gipsbilder ausgestellt hatten. Viele Kinder waren in den Räumen dabei und kommentierten als Experten die jeweiligen Exponate.

Ein gelungenes Projekt fanden Kinder, Lehrerinnen und Eltern. Eine Schülerin meinte: „Jetzt müßten wir eigentlich unseren Schulnamen ändern, eigentlich sind wir doch jetzt die Waldschule."

Und als Riesenkompliment faßten sie den Spruch eines Vaters auf, der sagte: „Toll ist das hier bei euch. Ich glaub', ich bin im Wald."

Projekttage und Schulfest planen und verbinden
(Walter Burchgardt)

Beteiligung der Mitwirkungsgremien

Bereits die erste Schulkonferenz im neuen Schuljahr beschließt die Termine für die Projekttage und das Schulfest. Eine derartige Planung ermöglicht die notwendige frühe Verteilung der Aufgabenschwerpunkte innerhalb der Schulpflegschaft und des Kollegiums. Außerdem ist die terminliche und inhaltliche Aufarbeitung Bestandteil des jeweiligen Arbeitsplanes der einzelnen Jahrgänge.

Die konkrete Planung setzt bei einem Durchführungstermin im Juni noch vor den Osterferien ein. Da sich die Mitarbeit von Eltern als Leiter/innen von Projektgruppen sehr bewährt hat, beschäftigt sich zu diesem Zeitpunkt die Schulpflegschaft mit dem Vorhaben – wenn nötig auf der Grundlage der durch die Schulleitung bzw. weiterer Kolleg/innen vermittelten Intentionen der geplanten Projekttage. Da parallel auch innerhalb der Lehrer-Konferenz eine entsprechende Diskussion mit dem Ergebnis erster Umsetzungsideen geführt wird, können die anschließenden Klassenpflegschaftsversammlungen detaillierter planen und konkrete Vorschläge einbringen. Aufgrund der vorab stattgefundenen Gespräche sind die jeweiligen Pflegschaftsvorsitzenden zusammen mit dem oder der Klassenlehrer/in in der Lage, die Eltern umfassend über alle Einzelheiten zu informieren. Schon jetzt signalisieren zahlreiche Mütter (Vätern ist die Mitarbeit während des Vormittags nur selten möglich), daß sie gern wieder eine Projektgruppe übernehmen wollen. Die Betonung liegt hier deutlich auf „wieder". Wir freuen uns ganz besonders, daß neben den „Neuen", die jedes Jahr als Gruppenleiter hinzukommen, immer auch die Eltern mitmachen, die im Vorjahr bereits mit Einsatz und Freude eine Gruppe betreut haben.

Eine Ermutigung in unserer Umsetzung von „offener Schule" erfahren wir auch durch die Mitarbeit von Leuten, die solchen Institutionen wie Feuerwehr, Polizei, Bücherei, landwirtschaftlichen Betrieben, Museen usw. angehören. Wir möchten, daß sich auch nach den vier Grundschuljahren unsere ehemaligen Kinder mit ihren Eltern zur Schulgemeinde gehörend fühlen und freuen uns ganz besonders, wenn Eltern, deren Kinder nicht mehr die Marienfeldschule besuchen, weiterhin als Projektgruppenleiter zur Verfügung stehen. Sie verstehen so ihre Mitgliedschaft im Förderverein als ein „aktives Dabeisein" bei den verschiedensten Anlässen im Laufe des Schuljahres.

Nicht zu verkennen ist auch, daß diese Kontinuität natürlich die Planung und Durchführung von Projekttagen und Schulfesten in hohem Maße erleichtert. Hinsichtlich der Qualität der dargebotenen Projekte können wir unsere vielen Helfer nur loben. Alle Projektleiterinnen geben sich unendliche Mühe bei der Vorbereitung und Durchführung. Vielfach sind es auch zwei oder drei Mütter, die eine Gruppe gemeinsam betreuen. Sie holen sich, wenn nötig, Rat bei den Klassenlehrern oder bei der Lehrkraft, die für die Gesamtkoordination verantwortlich ist.

Themensammlung und Terminabsprachen

Wir stellen Projekttage und Schulfest unter ein gemeinsames Motto, z. B.: „Aus alter Zeit." Es ist nicht schwierig, dazu Themen für Arbeitsgruppen zu finden. Häufig geschieht dies während der stattfindenden Konferenzen bzw. in Einzelgesprächen. Trotzdem ist es zweckmäßig, eine „offene" Ideenliste – u. U. schon getrennt nach Altersgruppen – mit möglichen Themen für die Arbeitsgruppen an einer zentralen Stelle im Schulhaus auszuhängen. Während der Sitzungen der Mitwirkungsgremien wird die detaillierte Terminplanung bis zum Abschluß der vorbereitenden Arbeiten an alle weitergegeben.

Für eine „flächendeckende" Information sorgen darüber hinaus die Rundschreiben an alle Erziehungsberechtigten. Es muß sicher gestellt sein, daß diese Termine eingehalten werden und z. B. zum festgesetzten Zeitpunkt die Themen für die Arbeitsgruppen und die Namen der Gruppenleiter komplett feststehen. Für die Gesamtkoordination bleibt nun festzustellen, ob in den beiden jahrgangsübergreifenden Bereichen 1./2. Schuljahr und 3./4. Schuljahr jeweils genügend Arbeitsgruppen eingerichtet werden können, damit die angestrebte Gruppenstärke von ca. 10 Kindern erreicht wird.

MARIENFELDSCHULE   Duisburg, den ...

Sehr geehrte Eltern und Erziehungsberechtigte!

Unsere diesjährigen Projekttage stehen unter dem Motto

- *Aus alter Zeit* -

Innerhalb der Projekttage haben die Schüler Gelegenheit, jahrgangs- und fächerübergreifend über einen längeren Zeitraum sich mit einem Thema auf verschiedenen Ebenen auseinanderzusetzen.

Die Projekttage haben in unserem Schulprogramm einen pädagogischen Stellenwert. Wir führen sie in diesem Schuljahr nach folgenden organisatorischen Gesichtspunkten durch:

Jahrgang 1/2 und 3/4 werden zu gemeinsamen Gruppen mit ca. 8 - 12 Kindern zusammengefaßt. Als Gruppenleiterinnen haben sich auch einige Mütter zur Verfügung gestellt.

Für die Jahrgänge 1/2 können wir von ca. 15 und für die Jahrgänge 3/4 von etwa 12 Gruppen ausgehen.

Die Themen der Arbeitsgruppen werden wir nächste Woche den Kindern bekanntgeben. Sie haben danach die Möglichkeit der Gruppenwahl.
Wir hoffen, daß die Kinder u.U. nach einer 2. oder 3. Wahl, entsprechend ihren Wünschen, untergebracht werden können.

Von ihrer KlassenleherIn erfahren die Kinder bzw. Sie bis zum ... in welcher Gruppe und in welchem Zeitraum Ihr Kind während der drei Projekttage mitarbeitet.

Um allen Gruppen Räume zur Verfügung stellen zu können, sind folgende Zeitblöcke vorgesehen:

A   8.00 - 10.30 Uhr

B   10.30 - 13.00 Uhr

C   Flexible Zeit am Nachmittag

Weitere Informationen werden durch die GruppenleiterInnen gegeben. Insbesondere wird noch die Beschaffung von Arbeitsmaterial bzw. der Unkostenbeitrag angesprochen.

Die Schulkonferenz hat beschlossen, den Unkostenbeitrag der Kinder auf max. DM 5,-- zu begrenzen.
Vielfach wird er sicherlich darunterliegen.
Dieser Betrag wird von allen GruppenleiterInnen am 1. Projekttag, Montag, den ... eingesammelt.

Alle Informationen, insbesondere Änderungen während der Projekttage, sind aus der Pinnwand im Flur des Hauptgebäudes, gegenüber dem Klassenraum 4b zu entnehmen.

Die Kinder werden durch ihre KlassenlehrerInnen mit der Informationswand vertraut gemacht.

Die vorbereitenden Arbeiten werden von folgenden KollegInnen koordiniert:

Stufe 1   Herr ...

Stufe 2   Frau ...

Stufe 3   Frau ...

Stufe 4   Herr ...

Allen Beteiligten wünschen wir viel Freude bei der Arbeit und ein gutes Gelingen.

Mit freundlichem Gruß

gez. ...

Visualisierung im Schulhaus

Bereits bei der Weitergabe der Ideenliste ist ein plakatives Verfahren die Garantie für größtmögliche Weitergabe und Diskussion der Betroffenen. Für die weitere Planung und den späteren reibungslosen Ablauf der Projekttage kann auf eine Visualisierungsform, die auch von den Kindern verstanden wird, nicht verzichtet werden. Sie muß sich trotz der Komplexität gewisser Informationsträger durch Klarheit und einfache Lesbarkeit auszeichnen. Auf einem unserer Flure haben wir 3 getrennte Pinnflächen (je ca. 130 cm × 130 cm) angebracht. Mit Hilfe der Informationen auf diesen Pinnflächen kann sich jeder über den momentanen „Ist-Stand" informieren. Vorbereitete Formblätter werden auf die Fläche für die Jahrgänge 1 und 2 bzw. 3 und 4 geheftet.

Die dritte Pinnwand nimmt Anregungen und Aufgabenverteilungen zum Schulfest auf. Auch bei den Kindern sorgen diese sichtbaren Informationen sofort für Gesprächsstoff. Es findet also eine breite Identifikation mit den bevorstehenden Ereignissen statt. Ebenso werden Probleme schnell sichtbar, z. B. rücken die räumliche Unterbringung parallel arbeitender Gruppen oder der Besuch außerschulischer Lernorte, bei denen unbedingt eine Lehrperson beteiligt sein muß, sofort ins Blickfeld.

An dieser Planungsdiskussion beteiligen sich alle am Schulleben direkt und indirekt beteiligten Personen: Kinder, Eltern, Lehrer, Hausmeister und Reinigungskräfte.

Duisburg, den ...

Liebe KollegInnen , liebe Eltern!

Die Planungen für unsere Projekttage kommen in die konkrete Phase.
Hierzu tragen Sie bitte Ihr Themen- und Zeitangebot bezogen auf den
entsprechenden Jahrgang ein.
Geben Sie bitte den Eltern, die eine Gruppe übernehmen wollen,
ebenfalls ein Themenpapier mit.
Die Rückgabe erbitten wir bis ...

gez. Projektausschuß

Thema:_____   wird später ausgefüllt
                                       Gruppe Nr. _____

Gruppenleiter:_____   _____

Tel.Nr. _____   _____

Jahrgang: _____   _____   _____
               1/2   3/4
                                        _____

Beginn: I   8.00 Uhr   _____

          II   10.30 Uhr   _____

          III _____ Uhr   _____
          (besondere Zeit)
                                        _____
Teilnehmerzahl: _____ _____
                  von   bis   _____

Gesamtkosten: ca. _____ DM   _____

                                       Raum Nr. _____

                                       (Hier werden später die Namen der Kinder und ihre
                                       Telefonnummern eingetragen.)

92

Gesamtkoordination – Beratung der Gruppenleiterinnen

Die Übernahme von Projektgruppen durch andere Personen als Lehrer ist in unserem Modell eine feste Größe. Eine derartige „Öffnung" findet ihre Begründung im pädagogischen Selbstverständnis der Marienfeldschule. So wird in diesem Teil des Schulprogramms ein Stück gemeinsamer Verantwortung von Lehrer/innen und Eltern für ihre Schule sichtbar.

Aus den verschiedensten Gründen, auf die hier nicht näher eingegangen wird, ist eine „offene" Schule, u. a. auch mit stärkerer Beteiligung der Eltern, in noch viel zu geringem Maße verwirklicht. Es bedarf dringender Ermutigung, das Miteinander-Leben und Voneinander-Lernen in andere Organisationsformen umzusetzen, als wir es im traditionellen Verständnis von Schule jahrzehntelang vollzogen haben. Nicht nur die Lehramtsanwärter und die gegenwärtigen oder ehemaligen Praktikantinnen beteiligen sich an der Umsetzung des Schulprogramms. Immer wieder sind es die Eltern, ja manchmal sogar die Großeltern, die uns auf dem Weg zu einem erweiterten Selbstverständnis von schulischem Lernen und Erziehen begleiten.

Nun muß eine derartige „Öffnung", besonders in den Anfängen, vor allem entsprechend fachlich betreut werden. Dies so zu organisieren, daß keine Gängelei und Bevormundung entsteht, daß es nicht nur zur Übernahme von Rezepten kommt, liegt in dem Geschick des jeweiligen Kollegiums. Für unsere Umsetzung benötigen wir einen Koordinator für jede Jahrgangsstufe, um die Unterstützung und Beratung der Gruppenleiter sicherzustellen. Weitere inhaltliche und besonders organisatorische Hilfen erfahren alle von dem oder der Gesamtkoordinator/in. Für diese wichtige Aufgabe sollte jemand aus dem Kollegium gewonnen werden. Es ist zweckmäßig, daß dies nicht immer und ausnahmslos durch die Schulleitung geschieht. Hinsichtlich einer kollegialen Entlastung sollten allerdings Regelungen erfolgen, da sich über einen sehr langen Zeitraum für die Gesamtkoordination vielfältige Aufgaben ergeben:

- Verfassen und Verteilen von Anschreiben
- Persönliche Gespräche mit den Gruppenleiter/innen
- Information der Mitwirkungsgremien, u. U. Leitung von (Teil-)Konferenzen
- Auflistung und Weitergabe der Themen für die Projektgruppen
- Beaufsichtigung des Gruppenwahlverfahrens
- Ausarbeitung von Alternativen für
  • ausfallende Gruppen während der Planungsphase
  • ausfallende Gruppen während der Projekttage
- Sicherstellung aller Informationen

- Visualisierung
  • während der Planungsphase
  • während der Projekttage
  • für das Schulfest
- Organisation der Dokumentation der Projekttage und des Rahmenprogramms für den Tag des Schulfestes.

Die umfassendste Arbeit entsteht für die Gesamtkoordination, wenn das Wahlverfahren beginnt bzw. abgeschlossen ist. Die Einrichtung der Gruppen muß mit allen notwendigen Angaben erfolgen. Besonders wichtig sind die Eintragungen der Telefonnummern der Kinder und der Gruppenleiter. Weiterhin erfahren die Kinder und Eltern aus einem Vordruck und einem persönlich gehaltenen Anschreiben der jeweiligen Gruppenleiter alle notwendigen Einzelheiten. In ihrer Bedeutung für die Organisation der Projekttage ist besonders die Weitergabe der Telefonnummern (auch darüber muß mit Blick auf Einverständnis in den Gremien vorher gesprochen werden) mit Hilfe der Informationswand hervorzuheben. Das Verfahren ist zwar sehr aufwendig, doch nur so ist sichergestellt, daß sich die Gruppenleiter und die Eltern bzw. die Kinder direkt miteinander verständigen können. Anlässe gibt es bei der Einrichtung von ca. 25 Gruppen und ca. 250 Kindern genug.

Die Gesamtkoordinatorin kümmert sich ebenfalls um die Einrichtung eines Informationsdienstes, den je ein Lehrer für die Zeit von 8.00–10.30 Uhr bzw. 10.30–13.00 Uhr übernimmt.

In allen Einzelheiten kann hier die Arbeit der Gesamtkoordinatorin gar nicht beschrieben werden. Im übrigen ist es auch immer die Angelegenheit des jeweiligen Kollegiums, Planung und Durchführung ihrer Projekttage und ihres Schulfestes auf der Grundlage der individuellen Gegebenheiten vorzunehmen. Es mag sein, daß einigen unser Weg zu eng und zu perfektioniert erscheint. Projekttage und Projektwochen leben sicher auch von dem Improvisationsvermögen der Beteiligten, aber gerade dann, wenn zusätzliche Helfer aus dem schulischen Umfeld gewonnen werden, sollte ein Gesamtkonzept zu Grunde gelegt werden, das allen Beteiligten Orientierungshilfe und Sicherheit vermittelt.

Für eine kritische Nachbesprechung in den Mitwirkungsgremien und auf anderen Ebenen wie z. B. Schulleitersitzungen oder Diskussionen mit der Schulaufsicht ist es ohnehin unerläßlich, die unterrichtliche Mitarbeit von Eltern im gesamtpädagogischen Konzept der Projekttage so zu begleiten, daß dies besonders bei der Betrachtung unter qualitativen und unter aufsichtsorganisatorischen Gesichtspunkten Bestand hat.

PROJEKTTAGE

von .... bis ....

Ich arbeite in der Gruppe Nr. _____

Meine Gruppenleiterin /
mein Gruppenleiter ist _____

Telefon Nr. _____

Ich muß mir diese Uhrzeiten merken:

Montag, den .... von .... bis ....Uhr

Dienstag, den .... von .... bis ....Uhr

Mittwoch, den .... von .... bis ....Uhr

Meine Gruppe trifft sich am Montag, den ....
in Raum Nr. ....

Wahlverfahren und Einrichtung der Gruppen

Jede Klassenlehrerin gibt den Kindern inhaltliche Kurzinformationen zu den auf einer Folie aufgelisteten Überschriften der Arbeitsgruppen. Danach erhalten die Kinder einen Zettel, auf dem sie ihren Vor- und Zunamen, ihre Klasse und die Nummer der gewünschten Arbeitsgruppe aufschreiben. Besonders die Kinder der 1. Schuljahre benötigen hier Hilfe und Betreuung, so daß sich das Ausfüllen unter Anwesenheit einer zweiten Person bewährt hat. Danach bekommen die Kinder einen zweiten, andersfarbigen Zettel. Jetzt schreiben sie neben ihrem Vor- und Zunamen und der Klasse die Nummer ihres zweiten Gruppenwunsches auf.

Die für die Jahrgangsstufen zuständigen Kollegen richten mit der Gesamtkoordinatorin die Gruppen ein. Es zeigt sich, daß die Aufnahmefähigkeit einiger Gruppen schnell erschöpft ist. Jedoch können in der Regel bis auf ca. fünf Kinder pro Klasse alle Schülerinnen und Schüler nach ihren Wünschen untergebracht werden. Die Kinder, die noch keine Gruppe gefunden haben, gehen an einem der nächsten Tage mit dem Klassenlehrer zur Informationswand und wählen innerhalb der noch aufnahmefähigen Gruppen eine aus. Dabei steht auch diesen Kindern noch eine Vielzahl von Möglichkeiten offen. Die Klassenlehrer überprüfen mit ihren Schülerinnen und Schülern, ob alle einer Gruppe zugeordnet sind. Wir achten sehr darauf, daß die Kinder lernen, alle Angaben der Pinnwand selbständig entnehmen zu können. Unstimmigkeiten werden mit der Gesamtkoordinatorin geklärt. Nach einer Abschlußbesprechung in der Lehrerkonferenz erfolgt die endgültige Auflistung aller Gruppen unter Verwendung des angesprochenen Formblattes und die Visualisierung innerhalb der jeweiligen Pinnfläche.

Letzte Informationen und „Training" der Gruppenbildung

Unmittelbar vor Beginn der Projekttage erhalten die Eltern schriftliche Informationen zu wichtigen Einzelheiten der jeweiligen Gruppenarbeit. Dies geschieht mit Hilfe der bereits angesprochenen persönlichen Anschreiben der Gruppenleiter bzw. des Formblatts. Die Kinder der 3. und 4. Schuljahre sollen die entsprechenden Angaben aus der Pinnwand entnehmen und selbst eintragen. Das 1. und 2. Schuljahr benötigt helfende Unterstützung. Die Gruppenleiter außerhalb des Kollegiums werden zu einer Abschlußbesprechung eingeladen, in deren Verlauf zunächst die noch offenen allgemeinen Probleme und später gruppenspezielle Fragen behandelt werden. Besonders wichtig ist diese Abschlußbesprechung z. B. wegen
- möglicher Änderungen im Zeitplan oder der Raumzuteilung
- der Auflistung der Kinder in der jeweiligen Gruppe
- der Behandlung des Aufsichtsproblems in den Pausen
- der Einrichtung und des Ablaufs der Frühstückspause
- des Verhaltens im Schulhaus (einige Gruppen arbeiten auf den Fluren)
- der Reinigung und Ordnung innerhalb der Arbeitsbereiche.

Eine von der Gesamtkoordinatorin vorbereitete „Checkliste" kann hier sehr hilfreich sein.

An einem der letzten Tage versammeln sich (auf dem Schulhof oder in der Turnhalle) zunächst alle Kinder der 1. und 2. Schuljahre. Es werden nacheinander alle Gruppennummern mit ihrer Überschrift aufgerufen. Mit einiger Hilfe (etwas mehr bei den Kindern des 1. Schuljahres) formieren sich die Kinder zu ihrer Gruppe. Die Schülerinnen und Schüler des 3. und 4. Jahrgangs benötigen bei ihrem „Training" weit weniger Hilfen. Viele Kinder formieren sich zu ihrer Gruppe, noch bevor diese aufgerufen wird. Trotzdem wollen wir auf dieses „Training" für alle nicht verzichten. Die Kinder lernen auf diese Weise ihre Mitschüler für die Zeit der Projekttage schon vor dem Beginn kennen. Am ersten Projekttag wollen wir sofort mit der Arbeit beginnen und keine kostbare Zeit mit Organisationsproblemen verlieren. Es hat sich gezeigt, daß die Kinder so auch in die Lage versetzt werden, Orientierungsschwierigkeiten ihrer Mitschüler zu lösen. Es findet so schon vor den Projekttagen „erziehender Unterricht" als eine der Hauptintentionen von Grundschularbeit statt.

Präsentation – Transparenz

Für die Kinder, für die Mitarbeiter, aber ganz besonders für alle Besucher unseres Schulfestes hat die Dokumentation und das Rahmenprogramm mit Eindrücken aus den drei Projekttagen eine wichtige Bedeutung. Bereits am dritten Projekttag verschafft sich die Gesamtkoordinatorin einen Überblick über den Stand der Gruppenarbeiten im Hinblick auf eine mögliche Darbietung während des Schulfestes. Am Donnerstag erfolgt eine detaillierte Vorplanung hinsichtlich Zeit und Raum der Präsentation. Bewährt hat sich die gemeinsame Abschlußbesprechung am Freitag vor dem Unterricht, damit sichergestellt ist, daß alle notwendigen Informationen rechtzeitig an die Kinder und Eltern weitergegeben werden können.

Aufwendig, aber enorm hilfreich sind plakative Hinweise an einer zentralen Stelle, aus denen hervorgeht, „Wann-Wo-Was" stattfindet. Wegweiser und „Info-Kinder" helfen allen, sich auf dem Schulgelände zurecht zu finden. Ergänzt werden diese Informationen durch aktuelle Durchsagen mit Hilfe einer „Flüstertüte". Eine Aufgabe, die der Schulleiter gerne übernimmt. So kann er nicht nur auf die Darbietungen innerhalb des Rahmenprogramms hinweisen, die Ausgabe der Tombolapreise ankündigen oder auf die vielen leckeren Kuchen, die es in der Cafeteria gibt, aufmerksam machen. Er hat auch die Möglichkeit, auf die Projekttage mit ihrem pädagogischen Stellenwert im eigenen Schulprogramm hinzuweisen. Ne-

Marienfeldschule   Duisburg, den ...

CHECKLISTE für GRUPPENLEITERINNEN

Vorbereitung der Projekttage

- Sind alle Namen auf der Gruppenliste richtig geschrieben, die Klassenzuordnung und Telefonnummern der Schüler eingetragen?
- Wurden die Informationsschreiben an die Eltern weitergeleitet?

Vorschlag für den Inhalt des Info-Schreibens

- Kurze Aussage über Tätigkeit während der Projekttage
- Ankündigung außerschulischer Lernorte
- Privatfahrmöglichkeiten erfragen oder öffentliche Verkehrsmittel nutzen
- Welche Fahrtkosten entstehen?
- Welche sonstigen Kosten entstehen für Arbeitsmaterial?
- Sind genaue Anfangs- und Entlaßzeiten angegeben?
- Haben Sie Ihre Telefonnummer für eventuelle Rückfragen der Eltern aufgeschrieben?
- Wurde die Raumnummer eingetragen?
- Welche Arbeitsmittel sollen die Schüler selbst mitbringen? (Bücher, Cassetten oder Sonstiges -Schere, Klebstoff)

Verlauf der Projekttage

- Sind alle auf dem Plan genannten Schüler erschienen?
- Haben Sie das Geld von den Schülern eingesammelt?
- Eignet sich der Raum für Ihre Arbeit?
- Möchten Sie ggf. tauschen oder die Zeit ändern?
- Haben Sie die Änderung schriftlich mitgeteilt?
- Wurde den Schülern eine Frühstücks- und Hofpause eingeräumt?
- Haben Sie die Schüler immer zur geplanten Endzeit entlassen?
- Haben die Kinder ihren Arbeitsplatz und den Klassenraum sauber verlassen?
- Wenden Sie sich bei Krankheit oder Verhaltensauffälligkeit eines Schülers an Herrn .... oder Frau ....

Sollten Sie Tonpapier oder anderes Material aus dem Kunstraum verbrauchen, berechnen Sie den Kindern dies bitte mit DM 1,-- und geben den Betrag an Frau .... weiter, damit Verbrauchtes neu gekauft werden kann.

Mit den besten Wünschen für gute Zusammenarbeit verbleibe ich mit freundlichen Grüßen

....

ben den Ausstellungen in den Klassenräumen, zu deren Besuch ermuntert wird, schauen sich viele immer mal wieder für einige Minuten den Videofilm an, der vielfältige Eindrücke von den dreitägigen Projektarbeiten vermittelt und während des gesamten Tages zu sehen ist.

Dieser Schulfesttag ermöglicht also allen einen Eindruck von dem, was wir Projekttage nennen: Kein ungeordneter Aktionismus, sondern ein Lernen mit allen Sinnen, nicht als Ersatz für den in Fächer gegliederten Lehrgangsunterricht, sondern als dessen sinnvolle Ergänzung.

Die Ideenkiste

Projekte und projektorientierter Unterricht sollen keine Ergänzung des Unterrichts sein, keine Schulveranstaltung für Feiertage, nicht die Sahne für obendrauf. Projekte und projektorientierter Unterricht leiten sich aus dem Erziehungsanspruch der Kinder ab und sind innerhalb der Richtlinien zu realisieren. Daß dies möglich ist, sollten die Praxisbeispiele exemplarisch aufzeigen.

Im folgenden sollen nun den Lehrplanvorgaben eines Bundeslandes Anregungen für handlungsbezogenen, projektorientierten Unterricht zugeordnet werden, nicht im Sinne von Rezepten, sondern als Ideenkiste, die ermuntern und auf die Spur bringen will. In der Regel sind es nämlich nicht die Lehrpläne, die Projekte verhindern, eher liegt es daran, daß wir nicht wollen oder uns nicht trauen.

Die Handlungsanregungen beziehen sich auf projektorientierte Phasen, auf Miniprojekte, Klassenprojekte und Projektwochen. Je nach den Voraussetzungen können hier Abstriche oder Ausbauten vorgenommen werden.

Als Gliederungsrahmen wurden die Aufgabenschwerpunkte und die entsprechenden Zielbeispiele des Lehrplans für den Sachunterricht in Nordrhein-Westfalen gewählt, weil sie sehr global gefaßt sind und daher ein Transfer für enger gefaßte Themenstellungen und Zielsetzungen anderer Bundesländer leicht herzustellen ist. Teile dieser Handlungsanregungen sind auch im damaligen offenen Verfahren der Lehrplanentwicklung entstanden.

Aufgabenschwerpunkte Klassen 1/2

Aufgabenschwerpunkt: Schule und Schulweg

Zielbeispiele:
- sich auf dem Schulweg verkehrsgerecht verhalten
- Personen in der Schule kennen und mit den Regeln des Schullebens vertraut werden
- an Ausgestaltung und Pflege der Schule (z. B. Klassenzimmer, Flure, Schulgarten) mitwirken

Handlungsanregungen:

● Eine Spielekartei, ein Spieleposter erstellen
  - Kennenlernspiele
  - Spiele für den Schulhof
  - Spiele für den Klassenraum
  - Spiele mit oder ohne Materialien

● Die Schule entdecken
  - Räumlichkeiten aufsuchen, kennzeichnen, beschriften
  - Interviews mit dem Schulpersonal (Hausmeister, Putzhilfen, Schulleiterin . . .)
  - Geräte, Dienstleistungen erproben (So funktioniert der Kopierer, So wird man Mitglied in der Bücherei)

● Klassenraum und Klassenleben gestalten
  - Regeln gemeinsam vereinbaren
  - Sitzordnungen erproben, verändern
  - Klassendienste einteilen
  - für Blumen und Wandschmuck sorgen
  - verschiedene Ecken einrichten (Lese-, Spiel-, Ausstellungsecke)

● Arbeit im Schulgarten
  - einen Teil pflegen
  - ein neues Stück einrichten (um Erlaubnis fragen, Geräte besorgen . . .)

● Den Schulweg sichern
  - verschiedene Schulwege begehen
  - Gefahrenstellen aufsuchen, fotografieren, kartieren

- Verkehrsdichte, -frequenzen feststellen
- Lieder der Schulweghitparade lernen, Kulissen und Schilder dazu basteln, Hitparade inszenieren

● Klassenfest, -ausflug planen und durchführen

Aufgabenschwerpunkt: Zu Hause und auf der Straße

Zielbeispiele:
- sich in der Wohnumgebung räumlich orientieren
- Aufgabenstellungen innerhalb der Familie erkennen und Aufgaben übernehmen
- Gefahren im Haushalt erkennen und Sicherheitsregeln beachten
- sich im Spiel- und Verkehrsraum Straße verantwortungsbewußt verhalten

Handlungsanregungen:

● Zimmer im Karton herstellen
  - Wunschzimmer/Puppenstube im Karton einrichten, einzelne Zimmer zum Haus zusammensetzen

● Zimmerschmuck basteln
  - Schmuck oder Funktionsgegenstände für den eigenen Wohnbereich herstellen (Mobiles, Wandschmuck, Spielgerät, jahreszeitliche Basteleien)

● Haustheater spielen
  - Spielszenen zum häuslichen Ablauf planen, einüben und vorführen

● Hausmüll untersuchen
  - Entsorgungsmöglichkeiten feststellen
  - sich über Sortiermöglichkeiten informieren
  - Ausstellung von Müllsorten, -Tagesmengen
  - Müllsammelaktion (z. B. Batterien)
  - Basteln mit Abfall, wertlosem Material
  - Vorschläge zur Vermeidung von Müll machen und darstellen

● Nachbarschaft erkunden
  - Interviews mit Nachbarn (Was gefällt ihnen hier/was nicht?)
  - Spielmöglichkeiten in der Nachbarschaft (Ist-Situation feststellen, Wünsche äußern, Vorschläge artikulieren, Initiativen versuchen)

Aufgabenschwerpunkt: Kleidung und Körperpflege

Zielbeispiele:
- Materialeigenschaften feststellen, Funktionen von Kleidung und Kleidungsgewohnheiten kennen
- mit Kleidung sorgfältig umgehen
- Grundsätze der Körperpflege und Hygiene beachten

Handlungsanregungen:

● Textilien auf Materialeigenschaften untersuchen
  - Wasser-, Licht- und Winddurchlässigkeit, Saugfähigkeit, Dehnbarkeit

● Kleidung auf Verkehrssicherheit untersuchen
  - Versuche mit Kleidung und Tornistern zu Sichtbarkeit, Signalwirkung und Bewegungsmöglichkeit

● Waschtag durchführen
  - mit Puppenkleidung einen Waschtag durchführen (Waschen, Trocknen, Bügeln)
  - sich über die Bedeutung von Kleidungsetiketten, Pflegeanleitungen und Waschmittelarten informieren
  - ältere Leute über einen Waschtag früher befragen

● zu einer Modenschau einladen
  - eine Modenschau, ein Kostümfest vorbereiten, durchführen, kommentieren und dokumentieren

● einen Modekatalog erstellen
  - aus Zeitschriften, Katalogen eigene Modebilder collagieren (Aspekte: Das ziehe ich gerne an, oder: So lustig möchte ich mal aussehen, Die Kleidung der Zukunft)

● Schuhe putzen
  - Reinigungs- und Pflegevorgang durchführen, beschreiben und dokumentieren
  - im Versuch den Sinn des Einfettens als Abdichten feststellen (analog: Abperlen von Wasser auf gefettetem Papier)

● sich an einer Altkleidersammlung beteiligen

● eine Ausstellung durchführen
  - Artikel zur Hygiene und Körperpflege mitbringen und ausstellen,

sowie entsprechende Werbung und Verpackungen auf Plakaten sammeln

● sich über Zahnpflege kundig machen
  - Zahnarzt/Schulzahnarzt besuchen und befragen
  - Übungen zur richtigen Zahnpflege durchführen

Aufgabenschwerpunkt: Essen und Trinken

Zielbeispiele:
- Eßgewohnheiten kennen und verstehen
- verantwortungsbewußt mit Nahrungsmitteln umgehen
- Grundsätze gesunder Ernährung beachten

Handlungsanregungen:

● eine Mahlzeit erstellen
  - Rezepte lesen, erfragen, sammeln, schreiben, ausprobieren
  - einkaufen und Preise vergleichen
  - mit Küchengeräten sachgerecht umgehen
  - über Küchenhygiene Bescheid wissen
  - eine einheimische oder ausländische Mahlzeit herstellen
  - Brot oder Plätzchen backen
  - Tischdekorationen für das gemeinsame Essen herstellen
  - alte und neue Küchengeräte vergleichen

● sich über Eßgewohnheiten informieren
  - ausländische Mitbürger über ihre Gerichte, Eßgewohnheiten und Tischsitten befragen
  - ältere Menschen über frühere Tischsitten, Speisen etc. befragen

● sich über gesunde Ernährung informieren
  - sich durch Befragen von Ärzten, Ernährungsberatern oder aus der Literatur über Regeln der gesunden Ernährung informieren
  - aus Werbe- und Verpackungsmaterial eine Collage zu den verschiedenen Nahrungsmittelgruppen erstellen
  - ein Nahrungstagebuch führen und mit Regeln der gesunden Ernährung vergleichen

- in der Schule einmal pro Woche ein gesundes Schulfrühstück/Frühstücksbuffet durchführen
- durch Plakate oder Ausstellung andere über gesunde Ernährung informieren

● ein Projekt über Pausenbrotabfälle durchführen
- Nahrungsmittelabfälle in Klassen, auf dem Schulhof sammeln, in transparenten Tüten ausstellen
- auf Plakaten Anregungen zum Vermeiden von Abfällen geben

● ein Projekt zum Hunger in der 3. Welt durchführen
- Kontakte mit Unicef, Terre des hommes, Misereor, Brot für die Welt etc. aufnehmen
- aus dem Material eine Informationswand erstellen
- sich an einer Aktion beteiligen

Aufgabenschwerpunkt: Pflanzen und Tiere

Zielbeispiele:
- mit Erscheinungsbildern von Pflanzen und Tieren des Heimatraumes vertraut werden
- Lebensbedingungen von Pflanzen und Tieren kennen und bei der Versorgung beachten
- die Bedeutung der Pflanzen und Tiere für Menschen einschätzen
- Gefährdungen kennen, die beim Umgang mit Pflanzen und Tieren auftreten können

Handlungsanregungen:

● in der Klasse Pflanzen halten
- sich bei Gärtnern, Kennern oder anhand von Texten sachkundig machen
- Pflanzen auf verschiedene Arten vermehren, sie umtopfen, pflegen
- Blumentöpfe schmücken, gestalten
- Steckbriefe, Kennkarten von Pflanzen erstellen
- Pflegeanleitung, -plan erstellen
- ein Pflanzenbuch schreiben, malen, kleben
- einen Pflanzenbasar, eine Pflanzentauschbörse arrangieren

- sich um Pflanzen draußen kümmern
  - Schulhofanlagen in Ordnung halten
  - einen Teil des Schulgartens versorgen
  - Patenschaft für einen Baum übernehmen
  - einen neuen Baum pflanzen

- einen Zoobesuch durchführen
  - in Verbindung mit einem Zoobesuch ein Tierbuch, einen eigenen Kinder-Zooführer erstellen

- ein Vivarium einrichten
  - sich über Tierhaltung informieren
  - Aquarium, Terrarium, Käfig einrichten, für dieses Einrichten argumentieren, für das Einrichten die Erlaubnis einholen
  - Pflegeanleitungen, -plan erstellen

- Stallungen aufsuchen
  - Taubenschlag, Kaninchenstall, Ponyhof oder Bauernhof besuchen
  - für eine begrenzte Zeit einen Teil der Tierpflege, -versorgung übernehmen

- für Winterfütterung sorgen
  - sich über den Nahrungsbedarf von Tieren, z. B. Standvögel informieren
  - Füttermöglichkeiten schaffen (Meisenglocke, Futterknödel, Vogelhaus, Streuplatz)

Aufgabenschwerpunkt: Arbeitsstätten und Berufe

Zielbeispiele:
- mit Arbeitsstätten und Berufen im Heimatraum vertraut werden
- die Bedeutung von Waren und Dienstleistungen für den Menschen einschätzen
- die Wichtigkeit der Arbeit und der verschiedenen Berufe erkennen

Handlungsanregungen:

● einen Produktionsbetrieb besuchen
  - Kontakt zu einem überschaubaren Produktionsbetrieb aufnehmen (Bäckerei, Schreinerei, Gärtnerei, kleine Druckerei), Betrieb besichtigen
  - Funktion von Werkzeugen und Maschinen beobachten und ausprobieren
  - mit Arbeitnehmern sprechen, ihren Arbeitsablauf erfragen, nach Vor- und Nachteilen ihres Berufes fragen
  - mit Arbeitgebern, ggf. Vorarbeitern sprechen
  - sich über den Beruf des Vaters/der Mutter informieren

● einen Dienstleistungsbetrieb besuchen
  - Kontakt zu einem überschaubaren Dienstleistungsbetrieb/einem öffentlichen Amt herstellen (Post, Bahnhof, Supermarkt, Feuerwehr, Bücherei), Betrieb besichtigen
  - Mitarbeiter nach ihrem Arbeitsablauf und den Vor- und Nachteilen ihres Berufes befragen
  - Dienstleistungen selbst in Anspruch nehmen

● selbst etwas herstellen
  - Herstellen eines einfachen Gegenstandes (z. B. einen kleinen Lederbeutel: Material beschaffen, Schnittmuster erstellen, Schnittmuster aufzeichnen, Leder ausschneiden, Leder lochen, Faden durchziehen), selbst einen Herstellungsprozeß planen und durchführen, dabei ggf. arbeitsteilig verfahren

● Erfahrungen zur Arbeitswelt darstellen
  - Ergebnisse von Betriebsbesichtigungen oder Befragungen im Klassenzimmer textlich und bildlich an der Pinnwand oder in einem Buch darstellen

Aufgabenschwerpunkt: Werkstoff und Werkzeug

Zielbeispiele:
- Materialeigenschaften kennen und Funktionen von einfachen Geräten und Spielzeugen einschätzen
- Werkstoffe und Werkzeuge sachgerecht gebrauchen
- Sicherheitsregeln und Kostengesichtspunkte beachten

Handlungsanregungen:

● eine Werkaufgabe erfüllen
  - eine selbstgesetzte Aufgabe mit freiem Material erledigen
  - Bauen nach Plan mit vorgegebenem oder freiem Material
  - selbst einen Bauplan zeichnen

● Material und Werkzeug erkunden
  - beim Herstellen eines einfachen Werkstückes (Mobile, Marionette, Windrad, Hampelmann) die passende Zuordnung von Werkstoff und Werkzeug erproben
  - verschiedene Verbindungsmöglichkeiten von Material erproben (Nageln, Kleben, Schrauben, Klemmen, Stecken)

● einen Betrieb besichtigen
  - bei einer Betriebsbesichtigung auf die Funktion von Werkzeugen und Maschinen achten

● eine Ausstellung machen
  - in einer Ausstellung Werkzeuge und Werkstoffe mit informativer Beschriftung ausstellen

● Spielzeug untersuchen
  - Spielzeuge nach verschiedenen Gesichtspunkten ordnen
  - die Funktionsweise von Spielzeug, teils durch Demontage, untersuchen
  - Spielzeug selbst herstellen (z. B. auch aus Abfallmaterial)

Aufgabenschwerpunkt: Zeiteinteilung und Zeitablauf

Zielbeispiele:
- mit Zeiteinteilungen (z. B. Tageszeiten, Wochentage, Monatsnamen, Jahreszeiten) vertraut werden
- den Wechsel der Jahreszeiten in seiner Bedeutung für das Leben von Menschen, Tieren und Pflanzen einschätzen
- zeitliche Abläufe im Bereich der Familie (z. B. Generationen, Verwandtschaft, Arbeits- und Freizeit) feststellen

Handlungsmöglichkeiten:

● mit verschiedenen Zeiteinteilungen umgehen
- Tages- und Wochenpläne aufstellen und danach arbeiten
- eine Jahreszeitenuhr (an Hand von Beobachtungen im Jahreslauf) erstellen
- einen Geburtstagskalender anfertigen
- eine Ausstellung mit den verschiedensten Kalendern machen
- Spiele zur Zeit spielen (Schätzen von Zeitverläufen, Vergleich mit objektiver Zeitmessung, z. B. wieviel Zeit brauche ich, um einen Apfel zu essen; nach genau einer Minute aufstehen . . .)

● selber Zeitmesser herstellen
- sich mit Hilfe von Literatur, Bildern über alte Zeitmesser informieren; eine Sonnenuhr aufsuchen und beobachten
- mit einfachem Material einen Zeitmesser herstellen (Sonnenuhr, Kerzenuhr, Sanduhr . . .)

● Veränderungen im Zeitverlauf feststellen
- Fotos aus der eigenen Kleinkindzeit ausstellen und kommentieren
- Familienfotos nach der Generationenfolge ordnen
- eine Klassenchronik erstellen
- nach Erlebnissen von früher fragen, ältere Leute in die Klasse einladen, Erzählungen mit heutigen Erlebnissen vergleichen
- Veränderungen in der Natur beobachten und dokumentieren (Blumen, Blätter, Früchte als Realobjekte, Fotos, Zeichnungen und Texte)
- Änderungen der Körpergröße feststellen, vergleichen (Das paßte mir einmal!)

● Dinge von früher ausstellen
- Haushaltsgeräte, Bücher, Schulsachen, Bilder, Versteinerungen u. ä. ausstellen, andere Klassen oder Eltern dazu einladen

Aufgabenschwerpunkt: Ich und die anderen

Zielbeispiele:
- sich eigener Einstellungen, Verhaltensweisen, Interessen usw. bewußt werden
- Rücksicht auf andere nehmen und bei auftretenden Konflikten nach gewaltfreien Lösungen suchen
- Hilfe von anderen annehmen und selbst Hilfe anbieten

Handlungsmöglichkeiten:

● sich selbst darstellen
  - Umrißbilder und Porträts von sich selbst und anderen malen
  - einen Ich-Ausweis erstellen (Alles über mich: Größe und Gewicht messen, Haarfarbe, Augenfarbe; aber auch eigene Interessen, Hobbys vorstellen)
  - eine Ich-Ausstellung machen (das sind Dinge von mir, das ist mein Lieblings-Spielzeug)

● Ich-Spiele spielen
  - Übungen zur Sensibilisierung der Sinne in Spielform (Was ich riechen, hören, tasten, schmecken kann)
  - im Spiel oder im Bild eigene Wünsche und Träume zum Ausdruck bringen
  - Regelungen im Rollenspiel erproben (Wem nutzen welche Regelungen, wer ist benachteiligt?)

● sich über andere informieren
  - Lebensgewohnheiten (Essen, Kleidung, Sitten, Feiern ...) deutscher und ausländischer Mitbürger
  - eine Dokumentation, Ausstellung machen über Menschen, in anderen Ländern (Sprache/Schrift, Münzen, Bilder, Briefmarken ...)

Aufgabenschwerpunkt: Jungen und Mädchen

Zielbeispiele:
- körperliche Gemeinsamkeiten und Unterschiede zwischen Jungen und Mädchen kennen
- sich mit der Rolle als Mädchen, als Junge auseinandersetzen
- grundlegende Kenntnisse über die Mutterschaft erwerben

Handlungsmöglichkeiten:

● miteinander spielen
- verschiedenste „Gesellschafts-Spiele" miteinander spielen
- mit wechselnden Rollen spielen
- Verkleidungsspiele machen
- Lieblingsspielzeug, Kuscheltiere vorstellen und miteinander vergleichen
- ältere Leute über Spielen früher befragen
- eine Spielzeug-Ausstellung machen
- Spielzeug früher und heute vergleichen

● sich über Mutterschaft und Geburt informieren
- einen Gast im Unterricht (Mutter, Hebamme, Lehrerin) über Schwangerschaft und Geburt und die Veränderungen im Tageslauf der Familie befragen
- eine Ausstellung mit Artikeln zur Babypflege machen

Aufgabenschwerpunkte, Klassen 3/4

Aufgabenschwerpunkt: Wohnumgebung und Heimatort

Zielbeispiele:
- Lage- und Raumvorstellungen und Einblick in den Verkehrsablauf in der Wohnumgebung gewinnen
- mit öffentlichen Einrichtungen (z. B. Freizeitmöglichkeiten, Post, Rathaus, Bibliotheken, Museen) sowie kulturellen und landschaftlichen Besonderheiten des Heimatortes vertraut werden und sie nutzen
- Veränderungen im Heimatort erkennen und Gründe für diese Veränderungen suchen

Handlungsanregungen:

- ein Modell der Schulumgebung erstellen
  - Schulumgebung erwandern, ein Wegemodell erstellen
  - im Sandkasten ein Modell bauen
  - markante Gebäude und Einrichtungen einzeichnen
  - den eigenen Plan mit dem Stadtplan vergleichen
  - sich mit Hilfe des Plans orientieren

- einen Ortskatalog anfertigen
  - über wichtige Einrichtungen Informationen sammeln, aufschreiben, Gebäude fotografieren, daraus einen Katalog/Prospekt erstellen

- Veränderungen im Schulbezirk feststellen
  - alte Fotos und Pläne mit heutigen vergleichen
  - mit älteren Anwohnern über Veränderungen (z. B. neues Geschäftszentrum, neue Straßenführung) sprechen, die Gründe dafür und eine Stellungnahme dazu erfragen

- den Verkehr im Schulbezirk erkunden
  - Verkehrszählungen an verschiedenen Stellen zu verschiedenen Zeitpunkten durchführen
  - Interviews mit Anwohnern zur Verkehrssicherheit und Verkehrsproblemen (Lärm, Parkplätze . . .)
  - Befragen von Polizisten zur Verkehrssituation
  - verstärkten Lkw-Verkehr untersuchen (z. B. anliegende Betriebe)

- eine Stadtteilzeitung zusammenstellen
  - aus Zeitungen wichtige, interessante Nachrichten zum Viertel zusammenstellen
  - eigene Berichte und Nachrichten von Neuigkeits- oder Unterhaltungswert schreiben
  - aus fremden und eigenen Berichten eine (Wand-)Zeitung zusammenstellen
- eine Rallye durch den Stadtteil durchführen
  - zwei Klassen/Gruppen konzipieren jeweils für die Parallelklasse eine Erkundungsrallye durch das Viertel und führen sie durch
- ein Stadtteilspiel, -puzzle ausdenken und ausführen

Aufgabenschwerpunkt: Bundesland – Stadt und Land

Zielbeispiele:
- wichtige Großlandschaften und Städte räumlich einordnen
- Unterschiede, Gemeinsamkeiten und wechselseitige Abhängigkeiten städtischer und ländlicher Lebensräume feststellen
- die Bedeutung ländlicher Gebiete für Menschen und Tiere einschätzen
- die Auswirkungen industrieller Gütererzeugung auf die Lebens- und Arbeitsbedingungen der Menschen kennen und bedenken

Handlungsanregungen:
- Ausflugsziele in der Region beschreiben
  - aus eigenen Erfahrungen Freizeitmöglichkeiten in der Region auflisten, die Eigenheiten und Besonderheiten darstellen (Eintrittsgeld, Anreise- und Spielmöglichkeiten) und zu einem Heft zusammenstellen
  - anhand von Prospekten und Katalogen Städte und Besonderheiten der Region darstellen
  - gemeinsam einen Ausflug planen und durchführen
- ein Landschaftsrelief erstellen
  - zu einer Region ein Höhenmodell (Schichtenmodell) aus Pappe oder Styropor bauen und mit den Farben der Atlaskarte einfärben

- ein Städtespiel zum Bundesland erfinden
  - als Quiz-, Puzzle oder mit Spielplan und Ereigniskarten ein Spiel zum Bundesland planen, dazu Material sammeln, ausführen und selbst und mit anderen damit spielen
- Geländeformen erkunden
  - an einem Bachlauf das Entstehen verschiedener Hangformen entdecken
  - verschiedene Bodenformen, -schichten erkunden und dazu ein Modell bauen
- die Herkunft von Produkten ermitteln
  - Produkte oder ihre Verpackungen sammeln, ihre Herkunft feststellen und auf einer Karte eintragen (dabei die regionale Verflechtung und Bedeutung verschiedener Standorte sehen)
  - sich über die Art des regionalen, überregionalen und internationalen Vertriebs von Waren informieren
  - einen Produktions- (auch Bauernhof) oder Handelsbetrieb besuchen
- Verkehrsfluktuationen feststellen
  - an Flüssen, Kanälen die Herkunftsorte der Schiffe feststellen
  - an einem Flughafen, einem Bahnhof die Verkehrsbewegungen notieren
  - an einer Durchgangsstraße, auf einer Autobahnbrücke die Verkehrsdichte und an Hand der Autokennzeichen die Herkunft der Fahrzeuge feststellen

Aufgabenschwerpunkt: Natürliche und gestaltete Umwelt

Zielbeispiele:
- die Abhängigkeit des Menschen, der Tiere und Pflanzen von Umweltbedingungen (Wasser, Boden, Wärme, Licht, Luft) erkennen
- Möglichkeiten und Grenzen der Anpassung von Pflanzen und Tieren an den Lebensraum feststellen
- Eingriffe in die Umwelt auf mögliche Folgen für Menschen, Tiere und Pflanzen bedenken; sich umweltbewußt verhalten

Handlungsanregungen:
- Verhalten von Tieren beobachten
  - ein Aquarium einrichten und Guppies o. ä. Fische einsetzen und beobachten; Junge ziehen
  - im Terrarium Spinnen beobachten
  - einen Regenwurmkasten anlegen, dabei das Durchwühlen der verschiedenen Bodenschichten beobachten
  - den Gestaltwandel beobachten (z. B. im Raupenkasten)
- verschiedene Stallungen aufsuchen
  - Tierhalter (Imker, Bauern, Reiter, Hundezüchter) interviewen, nach Motiven fragen, den Pflegebedarf der Tiere feststellen; Gefahren/Risiken für Tiere und Menschen erfragen
- verschiedene Biotope aufsuchen
  - Pflanzenvielfalt auf einem m² Boden an verschiedenen Standorten (Wald, Teich, Fabrikgelände . . .) auszählen
  - Kleintierpopulation an verschiedenen Standorten auszählen
  - die unterschiedlichen Ergebnisse darstellen und begründen
  - mit Vertretern hegender und pflegender Berufe sprechen
  - sich über das Waldsterben informieren
- Wachstumsversuche mit Pflanzen durchführen
  - die Faktoren Wasser, Boden, Wärme, Licht, Luft verändern und den Einfluß dieser Variablen auf das Gedeihen der Pflanzen beobachten (Langzeitbeobachtung)
  - Ergebnisse darstellen und daraus Pflegeanleitungen entwickeln
- Lebensbedingungen von Tieren/Pflanzen verbessern
  - sich an der Winterfütterung beteiligen
  - Nistkästen bauen und aufhängen
  - Bachlauf, Schulgelände etc. entmüllen
  - Patenschaft für Bäume, Beete, Schulgartenteil etc. übernehmen

● ein Tierbuch schreiben
  - alles über Tiere (bzw. ein Tier) sammeln (Sachtexte, Bilder, Comics, Witze . . .); eigene Texte schreiben; daraus ein Buch collagieren, kopieren und anbieten

Aufgabenschwerpunkt: Geburt und Aufwachsen

Zielbeispiele:
- Zeugung, Schwangerschaft, Geburt im Zusammenhang menschlicher Beziehungen (Wunsch nach Nähe, Zuneigung, Zärtlichkeit, Liebe) verstehen
- sich der Veränderungen von Körperbau und Verhalten im Verlaufe der Kindheit bewußt werden
- auf unterschiedliche Lebensumstände und Verhaltensweisen von Kindern (z. B. zu verschiedenen Zeiten, in anderen Ländern) aufmerksam werden

Handlungsanregungen:
● sich über Schwangerschaft und Geburt informieren
  - Literatur auswerten
  - Gäste in den Unterricht einladen (Mütter, Hebamme, Kinderschwester), ein Gespräch führen und die Informationen darstellen
  - eine Ausstellung oder ein Plakat zu den notwendigen Pflege- und Ausstattungsgegenständen eines Babys machen
● über die Zukunft nachdenken
  - Zukunftswünsche, -träume, -ängste äußern und in Bild und Text oder in einem Spiel darstellen
● sich über andere Lebensbedingungen informieren
  - Vergleich von Fotos aus gleichen Lebensstadien zu verschiedenen Zeiten (z. B. Kindheit früher und heute)
  - Erlebnissen von früher zuhören und mit heutigen vergleichen
  - in Spielszenen frühere Lebensbedingungen darstellen
  - mit Informationsmaterial (z. B. von Unicef) über Lebensbedingungen in anderen Ländern eine Pinnwand gestalten

Aufgabenschwerpunkt: Körper und Gesundheit

Zielbeispiele:
- Bedingungen für Gesundheit und körperliches Wohlbefinden beachten
- Gefahren für Gesundheit, Wachstum und Wohlbefinden erkennen (z. B. Genußmittel, ungesunde Lebensweise, Medikamentenmißbrauch)
- Freizeit sinnvoll nutzen
- Verständnis für Leiden und Behinderungen entwickeln

Handlungsanregungen:
- gesundheitsgerechtes Verhalten im Tageslauf darstellen
  - in Bild und Text über gesundheitsgerechtes und mögliches Fehlverhalten berichten
  - Spielszenen zum gesundheitsgerechten Verhalten (Körperpflege, Ernährung, Freizeitverhalten) erfinden

- Möglichkeiten sinnvoller Freizeitgestaltung untersuchen
  - Fernsehverhalten untersuchen, sinnvollen Fernsehkonsum mit Hilfe von Fernsehzeitschriften planen
  - Pinnwand mit Freizeitangeboten im Schulbezirk erstellen
  - Möglichkeiten für Spiel und Sport erkunden, entsprechende Anlagen besuchen, vom Training berichten
  - Erkunden alternativer Freizeitangebote (Musik- oder Malschulen, kirchliche Gruppen etc.), Erfragen der Kosten, Zeiten und Inhalte

- sich über gesunde Ernährung informieren
  - zu den verschiedenen Nahrungsmittelgruppen (Fleisch, Fett, Getreide, Obst etc.) eine Ausstellung mit Verpackungsmaterial oder Fotos machen
  - eine gesunde Mahlzeit zusammenstellen (Rezepte lesen, vergleichen, beim Herstellen Hygieneprinzipien beachten)
  - einen Gesundheitstag (gemeinsames gesundes Frühstücksbuffet) pro Woche einrichten
  - nach Befragungen von Ärzten, Gesundheitsberatern (z. B. AOK) Regeln zur gesunden Ernährung zusammenstellen

- Wissen zur Erhaltung der körperlichen Gesundheit erarbeiten
  - Vergleich von Kinder- und Erwachsenengebissen, Funktion der verschiedenen Zahnarten untersuchen und erfragen

- Gefahren für die Haut und Gründe für die Pflege und Pflegemöglichkeiten darstellen (Artikel zur Körperpflege vergleichen, Verpackungshinweise lesen, wenn möglich Aussagen überprüfen)
- einfache Handgriffe der ersten Hilfe kennenlernen und übend anwenden

● mit Behinderten zusammenleben
- Kontakt mit verschiedenen Einrichtungen aufnehmen (Kindertagesstätte, Altenheim, Sonderschule . . .)

● zum Leben in der dritten Welt Informationen einholen und darstellen

Aufgabenschwerpunkt: Fahrrad und Straßenverkehr

Zielbeispiele:
- Fahrräder auf ihre Verkehrssicherheit hin überprüfen
- einfache Wartungsarbeiten am Fahrrad selbst ausführen, Funktionsweisen feststellen (z. B. Beleuchtung)
- sich im Straßenverkehr situationsgerecht und verantwortungsbewußt verhalten, dabei Vorfahrtsregeln und Verkehrszeichen beachten

Handlungsanregungen:

● Verkehrsführung für Radfahrer erkunden
- das Viertel in Bezug auf Verkehrssicherheit für Radfahrer überprüfen (Radwege, Zeichengebung)
- Verkehrsverhalten von Radfahrern beobachten

● Sicherheitsübungen mit dem Rad durchführen
- Übungsgeräte bauen oder besorgen
- einen Übungsparcours aufbauen (enge Wegführung, Slalom, Kreisbahn, einhändig zu fahrende Kurven, auf Abstand fahren . . .)

● Sicherheitsüberprüfung des Rades durchführen
- anhand einer Checkliste die vorgeschriebene Sicherheitsausrüstung des Rades überprüfen
- den Sinn der Reflektionsflächen (Pedale, Rückstrahler . . .) im dunklen Raum untersuchen

● Funktionsweisen entdecken und überprüfen
  - den Stromkreis beim Fahrrad mit einem Taschenlampen- oder normalen Batteriestromkreis vergleichen
  - mögliche Fehlerquellen beim Stromkreis feststellen
  - die Übersetzungsverhältnisse bei verschiedenen Fahrrädern vergleichen; Übersetzungsverhältnisse mit Zahnrädern von Baukästen nachbauen und Regeln herausfinden
  - den Bremsweg auf verschiedenen Untergründen vergleichen

● Wartungs- und Pflegearbeiten durchführen
  - Fahrrad putzen
  - ein Ventil ersetzen
  - die Bremsen nachstellen
  - die Kette nachstellen und fetten
  - einen Reifen flicken
  - die Zahnräder ölen
  - eine Glühlampe auswechseln

Aufgabenschwerpunkt: Früher und heute

Zielbeispiele:
- Veränderungen der Lebens- und Arbeitsbedingungen sowie der Wohnverhältnisse wahrnehmen
- Quellen über geschichtliche Abläufe nutzen (z. B. Spiel- und Haushaltsgeräte, Werkzeuge, Bilder, Berichte, Erzählungen älterer Menschen)
- wichtige Ereignisse und Verläufe im Leben der Kinder datieren

Handlungsanregungen:

● ein Klassenmuseum einrichten
  - zu unterschiedlichen Lebensbereichen Gegenstände und Bilder sammeln, beschriften und ausstellen (Spielzeug, Haushalt, Schule, Kleidung, Berufe, Fahrzeuge, Gebäude)

- den eigenen Lebenslauf darstellen
  - den Daten, Bildern, Gegenständen des eigenen Lebenslaufes andere Daten zuordnen (von anderen Kindern, von Eltern, von Ereignissen der Zeitgeschichte)
  - Zukunftsängste, -träume und -wünsche äußern, malen und schreiben

- Veränderungen im örtlichen Bereich feststellen
  - Postkarten von früher mit heutigen Erscheinungsbild vergleichen
  - Straßenführungen auf älteren Karten mit heutigen vergleichen

- historische Bauwerke und Relikte aufsuchen
  - Brücken, Türme, Stadtmauern u. a. besichtigen, vergleichen, zeichnen, Wissenswertes dazu erkunden und notieren
  - markante Bauwerke im Modell nachbauen
  - Inschriften von Denkmälern u. ä. aufschreiben, abrubbeln (frottieren), fotografieren

- historische Namen erforschen
  - Hausnamen, Berufsnamen sammeln und erklären
  - die Bedeutung von Flur-, Straßen- und Ortsnamen erkunden

- Geschichten von früher sammeln
  - mündliche Erzählungen älterer Leute aufnehmen, teils aufschreiben
  - alte Märchen und Sagen sammeln

- leben wie früher
  - alte Lebensformen im Spiel nachleben (Essen wie die alten Römer, Bohren wie die Steinzeitmenschen, Getreide mahlen, Weben wie die Germanen)

- ein Museum besuchen
  - den Besuch vor- und nachbereiten
  - die Museumspädagogen befragen

Aufgabenschwerpunkt: Materialien und Geräte

Zielbeispiele:
- Materialien auf Verwendungsmöglichkeiten hin überprüfen
- Zwecke und Wirkprinzipien einfacher Geräte erfassen
- Lösungen für einfache technische Probleme finden
- handwerkliches Geschick entwickeln (z. B. Bau eines Funktionsmodells)

Handlungsanregungen:

● technische Lösungen erkunden und anwenden
- in der Umwelt technische Erfindungen in ihrer Anwendung beobachten und mit Baukästen oder einfachen Geräten nachbauen (z. B. Rolle oder Hebelwirkung)

● Kraftübertragungen beobachten und anwenden
- Wirkweise einer Dampfmaschine, eines Gummimotors, Kraftübertragung beim Fahrrad, Rückstoß beim Luftballon u. ä. durchschauen und anwenden

● Skelettbauten aus Papier herstellen
- verschiedenste Möglichkeiten der Versteifung durch Profile erproben, z. B. bei einer Brücke
- aus möglichst wenig Material einen belastbaren Turm, eine Brücke bauen

● aus unterschiedlichem Material und auf verschiedenen Wirkweisen beruhendes Spielzeug bauen, z. B. eine Kugelbahn oder ein Stehaufmännchen

● verschiedenste Materialerfahrungen machen
- hartes und weiches Holz mit verschiedenen Geräten und Hilfsmitteln bearbeiten
- unsichtbare Tinte herstellen und wieder sichtbar machen
- Zustandsveränderungen beim Gips feststellen (Erwärmung und Härtung, z. B. beim Eingießen von Fundstücken)

Aufgabenschwerpunkt: Versorgung und Entsorgung

Zielbeispiele:
- sich der Abhängigkeit von geregelter Ver- und Entsorgung bewußt werden
- Ver- und Entsorgung als Aufgabe der Gesellschaft und jedes einzelnen verstehen
- Güter und Dienstleistungen verantwortungsbewußt nutzen

Handlungsanregungen:

● Besuch von Versorgungs- und Entsorgungseinrichtungen
  - öffentliche und private, kommerzielle Versorgungseinrichtungen besuchen und nutzen (Post, Bahn, Wasserwerk, Supermarkt . . .)
  - Entsorgungseinrichtungen besichtigen (Kläranlage, Altpapierverwertung, Müllverbrennung . . .)
  - Besuche in Bild und Text dokumentieren

● Verpackungen untersuchen
  - Gebrauchswert von Verpackungsmaterial dem Werbe- und Dekorationswert gegenüberstellen
  - Möglichkeiten des Einsparens von Verpackungsmüll suchen und Alternativen zu unsinnigen Verpackungen herausfinden und anderen vorstellen

● Möglichkeiten der Entsorgung im Modell durchführen
  - Wasser mit unterschiedlichen Verschmutzungen durch verschiedene Verfahren klären
  - Hausmüll nach Abfallarten sortieren

● Recyclingmöglichkeiten im Schulviertel feststellen
  - Standorte von Altglas-, Papier-, Sondermüll-Containern bzw. Sammelstellen auflisten, dabei etwaige Defizite feststellen; Anwohner über Nutzung befragen
  - Termine von Papier-, Kleidersammlungen erfragen und aushängen
  - auf einer Pinnwand über Recyclingmöglichkeiten informieren
  - eine eigene Sammlung (Batterien o. ä.) initiieren

● eine Umweltzeitung machen
  - Interviews über Umweltprobleme machen, Informationen zusammenstellen und daraus eine eigene Umweltzeitung herstellen

● selbst Recyclingpapier herstellen

Aufgabenschwerpunkt: Mediengebrauch und Medienwirkung

Zielbeispiele:
- Informationen durch Medien als vermittelte Aussagen über Wirklichkeit verstehen
- Zwecke medialer Aussagen unterscheiden und ihre Wirkungen auf Adressaten einschätzen
- mit Medien sinnvoll umgehen

Handlungsanregungen:

● das Fernsehprogramm kritisch sehen
  - verschiedene Kinderprogramme vergleichen und beurteilen
  - Umfragen zum Kinderprogramm machen, Ergebnisse auswerten und veröffentlichen
  - einen Fernsehwochenplan erstellen
  - für einen fernsehfreien Tag werben

● sich über die Medienproduktion informieren
  - eine Zeitungsredaktion besuchen, ein Interview durchführen
  - eine Druckerei besuchen

● selbst mit Medien umgehen
  - eigene Arbeitsergebnisse oder Fragebögen mit dem Umdrucker oder Kopierer selbst vervielfältigen
  - während einer Erkundung fotografieren, Unterrichtsergebnisse im Foto dokumentieren, Fotos selbst entwickeln und abziehen
  - mit dem Kassettenrekorder umgehen (z. B. Geräusche aufnehmen und von anderen raten lassen, ein Hörspiel machen, ein Interview aufnehmen)
  - einen Videofilm planen, die Szenen aufnehmen, sie kritisch sehen und versuchen, sie noch zu verbessern

● eine Plakatsäule betreuen
  - eine Säule bauen und mit Plakaten für Schulveranstaltungen, die Schulbücherei etc. werben und mit schulinternen Informationen und Freizeittips bestücken
  - ähnlich bei einer Info-, Pinnwand vorgehen

● eine Klassenzeitung herstellen
  - ausgehend von der Analyse einer Kinderzeitschrift oder einer Tageszeitung die verschiedensten Textsorten schreiben

- die Klassenzeitung illustrieren, dabei auch verschiedene Drucktechniken ausprobieren
- die Zeitung vervielfältigen, zusammentragen und in der (Schul-)Öffentlichkeit anbieten, verteilen

Aufgabenschwerpunkt: Luft, Wasser, Wärme

Zielbeispiele:
- die Bedeutung von Luft, Wasser und Wärme für das Leben von Menschen, Tieren und Pflanzen einschätzen
- sich der Vielfalt der Erscheinungsformen und Nutzungsmöglichkeiten von Luft, Wasser und Wärme bewußt werden
- Gefahren erkennen, die von Luft, Wasser und Wärme ausgehen

Handlungsanregungen:

- die Nutzung von Luft, Wasser und Wärme erkunden
  - Besichtigung von Versorgungsunternehmen (Wasserwerk, Kraftwerk)
  - Besuch am Flughafen
  - eine Wasserstraße, einen Hafen, eine Kanalschleuse besuchen (den Hafen als Sandkastenmodell, die Schleuse in Pappe als Schnittmodell anfertigen)
  - ein Wasserleitungsmodell mit Hochbehälter bauen
  - Hinweisschilder von Wasserleitungen etc. lesen und erklären
  - sauberes Wasser und saubere Luft als Grundlage des Lebens (Versuche mit Frischluft und verbrauchter, ausgeatmeter Luft machen) erkennen
  - eine Wasseruhr anschauen, eine Wasserrechnung lesen

- Versuche zur Wirkung von Luft, Wasser und Wärme machen
  - Kraftwirkung des Wasserdampfes bei einer Dampfmaschine feststellen oder bei einem Boot mit Dampf-Rückstoß-Antrieb (Kerze unter einer Konservendose oder einem Ei, beides auf einem Schwimmkörper)
  - Rückstoßprinzip bei einer Luftballonrakete anwenden
  - Leiten und Isolieren von Wärme durch Versuche feststellen
  - Versuche zum Schwimmen und Sinken, zur Oberflächenspannung durchführen

- (Spiel-)Geräte bauen
  - Windräder, Drachen, Windspiele, Fallschirme, Schwalben bauen
  - verschiedene Schiffsmodelle und Flöße bauen, ebenso Wasserräder
  - ein Dampfboot, eine Ofenschlange, eine Weihnachtspyramide bauen
- Gefahren von Luft, Wasser und Wärme darstellen
  - Informationen, Zeitungsausschnitte von Überschwemmungen, Unwettern, Bränden, Luftverschmutzung etc. sammeln und sich über Ursachen informieren, die Informationen darstellen

Aufgabenschwerpunkt: Wetter und Jahreszeiten

Zielbeispiele:
- Wetterfaktoren und -erscheinungen (z. B. Temperatur, Bewölkung, Wind, Niederschläge) und Beziehungen zwischen ihnen wahrnehmen
- Auswirkungen des Wetters auf die Natur erkennen
- sich witterungsgerecht verhalten

Handlungsanregungen:
- Wettererscheinungen und -faktoren beobachten
  - Beobachtungen und Messungen zur Bewölkung, zum Niederschlag, der Temperatur, zu Windrichtung und Windstärke über einen längeren Zeitraum in einer Beobachtungstabelle festhalten
  - Symbole zum Notieren der Wetterbeobachtungen lesen und anwenden
  - Wetterberichte aus Zeitungen, Radio und Fernsehen miteinander vergleichen; Vergleich der Voraussage mit eingetroffenem Wetter
  - eine einfache Wetterkarte lesen und erklären
- Geräte zu den Wettererscheinungen bauen
  - Meßgeräte bauen, wie Regenmeßgerät für die Niederschlagsmengen, Windfahne für die Windrichtung, Windsack für die Windstärke
  - eine Sonnenuhr bauen
  - Spielgeräte bauen, wie Windrad, Laufrad; einen Drachen bauen und steigen lassen

● einen Jahreszeitenkalender erstellen
  - auf einer großen Wand zu jeder Jahreszeit Bilder, Gedichte, Zeitungsausschnitte, Dokumente von eigenen Aktivitäten sammeln, ebenso jahreszeitliche Basteleien (z. B. Eissterne aus Papier)
  - Bauernregeln sammeln und erklären und daraus ein Heft zusammenstellen
  - einen Wandfries mit Naturmaterialien aus allen Jahreszeiten erstellen
  - Blumenleben im Jahreskreis durch Fotos oder gepreßte Pflanzen darstellen (Die Blume des Monats)
  - einen Baum, einen Garten in jedem Monat auf Veränderungen hin untersuchen, die Ergebnisse festhalten